全国高等职业学校会计专业教材

财务会计实务(第二版)习题册

主编◎上官健

中国劳动社会保障出版社

简　介

本习题册与国家级职业教育规划教材《财务会计实务（第二版）》配套使用，题型包括单项选择题、多项选择题、判断题、业务题及不定项选择题。习题内容、难易度已根据 2018 年助理会计师考试大纲及 2017 年最新会计准则同步更新。习题册答案可在网址 zyjy.class.com.cn 中下载。

本习题册由上官健主编，麦晓雨、汪逸帆、邹江、李婉琼、朱小娟参与编写。具体分工如下：上官健负责项目 4 和项目 7，麦晓雨负责项目 3 和项目 5，汪逸帆负责项目 1 和项目 2，邹江负责项目 6，李婉琼负责项目 9，朱小娟负责项目 8。由上官健统稿。

图书在版编目（CIP）数据

财务会计实务（第二版）习题册 / 上官健主编．-- 北京：中国劳动社会保障出版社，2018

全国高等职业学校会计专业教材

ISBN 978-7-5167-3351-6

Ⅰ．①财…　Ⅱ．①上…　Ⅲ．①财务会计－高等职业教育－习题集　Ⅳ．①F234.4-44

中国版本图书馆 CIP 数据核字（2018）第 029850 号

中国劳动社会保障出版社出版发行

（北京市惠新东街 1 号　邮政编码：100029）

*

北京谊兴印刷有限公司印刷装订　　新华书店经销

787 毫米 ×1092 毫米　16 开本　6.75 印张　133 千字

2018 年 2 月第 1 版　　2025 年 5 月第 5 次印刷

定价：13.00 元

营销中心电话：400-606-6496

出版社网址：http://www.class.com.cn

http://jg.class.com.cn

Contents
目录

目录

项目 1 会计基础工作

复习指导

1. 常用票据的结算方式

常用票据的结算包括支票、汇兑、委托收款、托收承付、银行汇票、银行本票、商业汇票等多种方式。上述方式的概念、结算工具的种类、适用范围、结算特点的总结见表1—1。

表 1—1　　常用票据的结算方式

结算方式	概念	结算工具的种类	适用范围	结算特点
支票	出票人签发的，委托银行或其他金融机构见票时无条件支付确定的金额给收款人或持票人的票据	1. 现金支票 2. 转账支票 3. 普通支票：可以取现，也可以转账	同城的单位、个人结算	1. 一律记名 2. 无金额起点限制 3. 提示付款期限最长为10天 4. 可以背书转让
汇兑	汇款人委托银行将其款项汇给收款人的结算方式	1. 信汇 2. 电汇	异地的单位、个人结算	1. 不局限于商品交易 2. 不受金额起点限制
委托收款	收款人委托银行向付款人收取款项的结算方式		同城或异地的单位、个人结算	便于收款单位主动收款，不受金额起点限制
托收承付	根据购销合同由收款单位发货后委托银行向异地付款单位收取款项，并由付款单位向银行承诺付款的结算方式		1. 异地的单位结算 2. 订有购销合同单位之间的商品交易以及因商品交易而产生的劳务供应的款项 3. 必须是国有企业、供销合作社以及经营管理较好，并经开户银行审查同意的城乡集体所有制工业企业	1. 主动托收 2. 承诺付款 3. 银行监督

续表

结算方式	概念	结算工具的种类	适用范围	结算特点
银行汇票	汇款人将款项交存出票银行，由银行签发，当其见票时按照实际结算金额无条件支付给收款人或者持票人的票据		同城或异地的单位、个人结算	1. 一律记名，见票即付 2. 金额无起点限制 3. 提示付款期限最长为1个月 4. 可以背书转让
银行本票	由申请人将款项交存出票银行，由银行签发，承诺在见票时无条件支付确定金额给收款人或持票人的票据	1. 定额本票（1,000元、5,000元、10,000元、50,000元） 2. 不定额本票（无金额起点限制）	同城的单位、个人结算	1. 见票即付，流动性强 2. 提示付款期限最长为2个月 3. 可以背书转让
商业汇票	由收款人或付款人（或承兑申请人）签发，由承兑人承兑，并于到期日向收款人或被背书人支付款项的票据	1. 商业承兑汇票：付款企业承兑 2. 银行承兑汇票：付款企业开户银行承兑	同城或异地的单位结算	1. 一律记名 2. 提示付款期限最长为6个月（具体由购销双方商定） 3. 可以背书转让 4. 可申请贴现 5. 无金额起点限制

2. 支付结算业务办理流程

支付结算业务在付款单位、收款单位、付款单位开户银行、收款单位开户银行间的活动流程如图1—1至图1—7所示，会计人员必须掌握下列图示中显示的各个典型业务中单据、资金在各个单位之间的传递关系，以便正确完成下列具体的收款、付款业务账务处理工作（见图1—8、图1—9）。

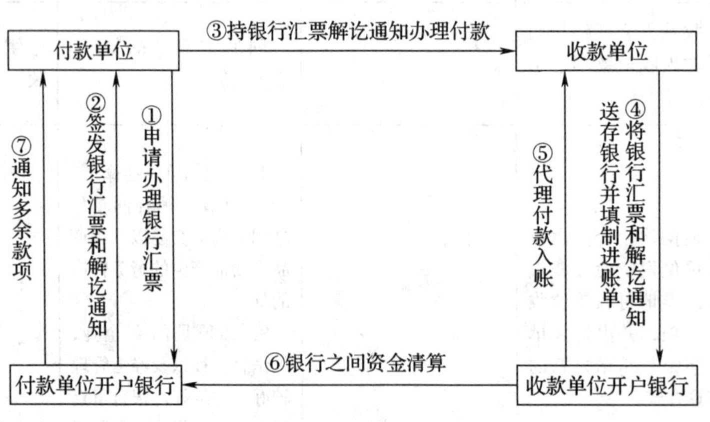

图1—1 银行汇票结算流程图

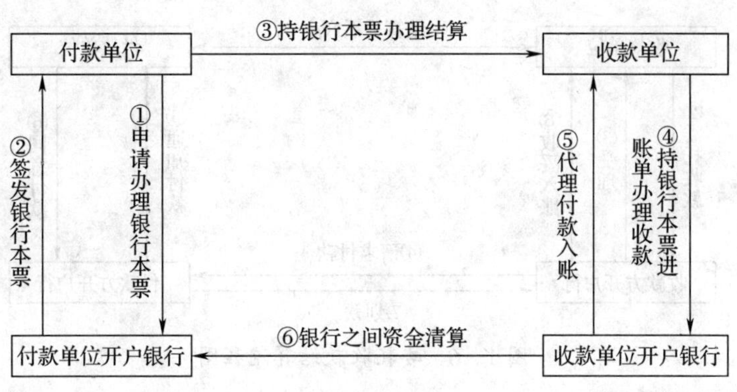

图 1—2　银行本票结算流程图

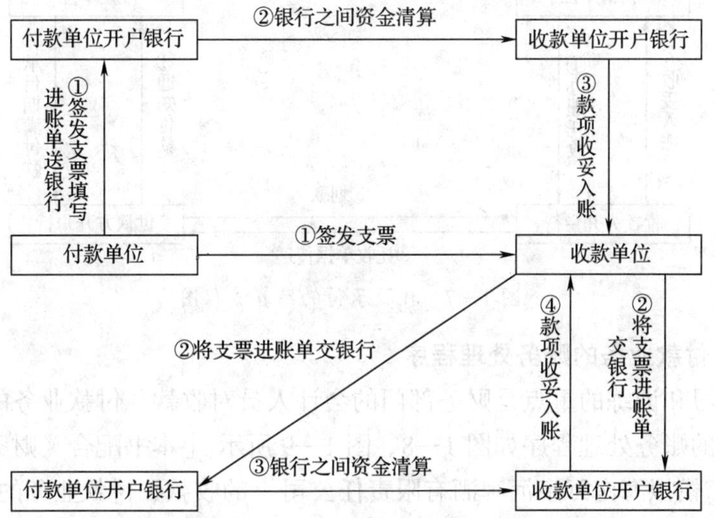

图 1—3　转账支票结算流程图

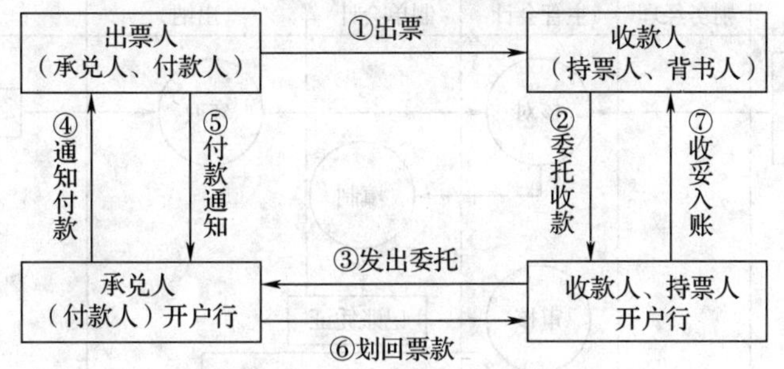

图 1—4　商业承兑汇票结算流程图

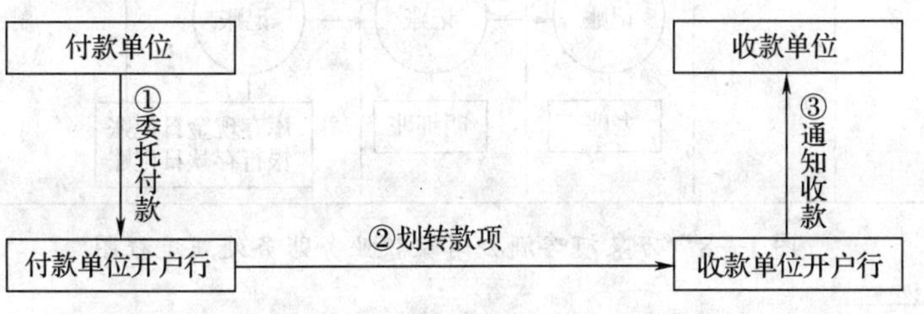

图 1—5　汇兑结算流程图

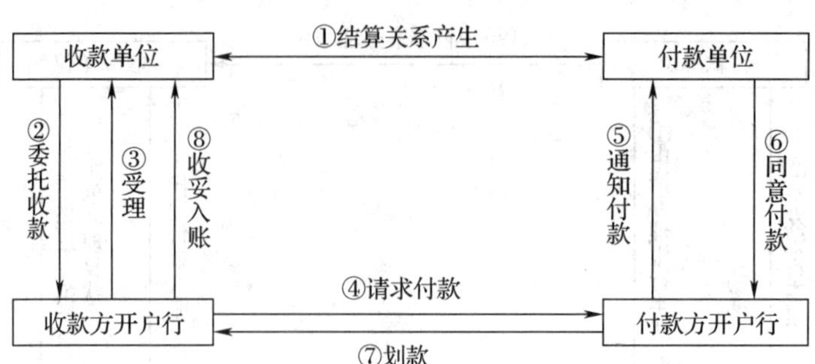

图 1—6　委托收款结算流程图

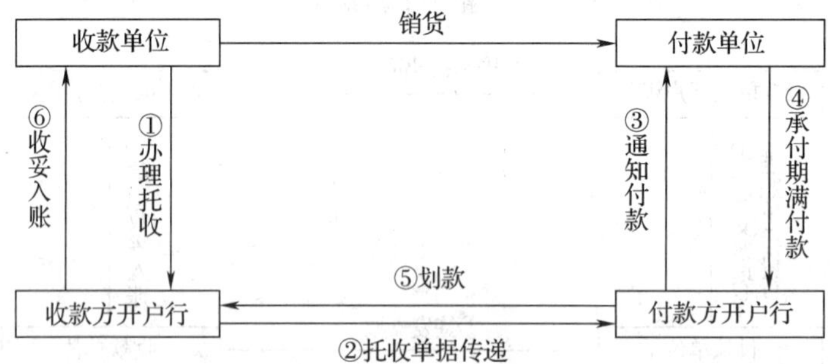

图 1—7　托收承付的结算流程图

3. 收款、付款业务的账务处理程序

本项目学习和训练的重点是财务部门的会计人员对收款、付款业务的账务处理。收款、付款业务的账务处理程序如图 1—8、图 1—9 所示。[本书配合《财务会计实务（第二版）》教材，模拟海南万泉河啤酒有限责任公司[①] 的收款、付款业务的账务处理程序]

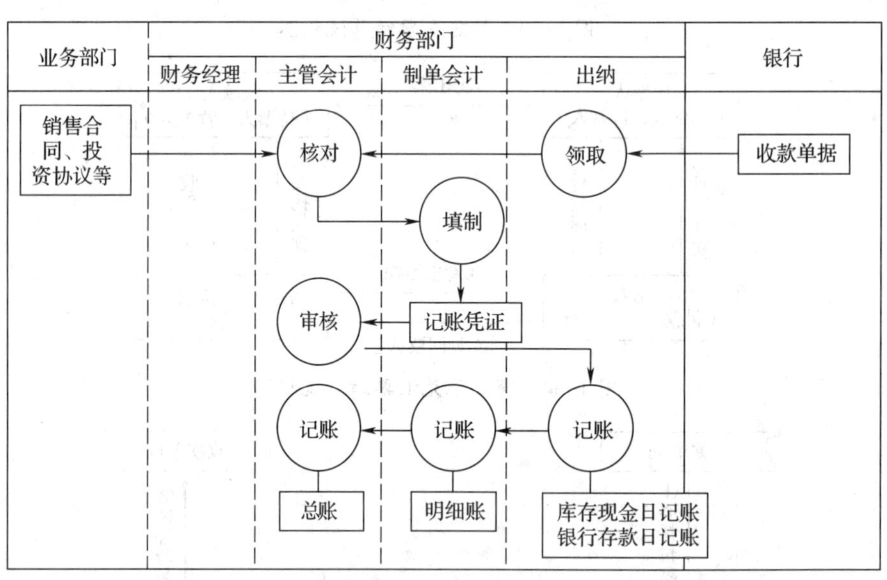

图 1—8　万泉河啤酒公司收款业务账务处理流程图

① 以下简称万泉河啤酒公司，全书同。

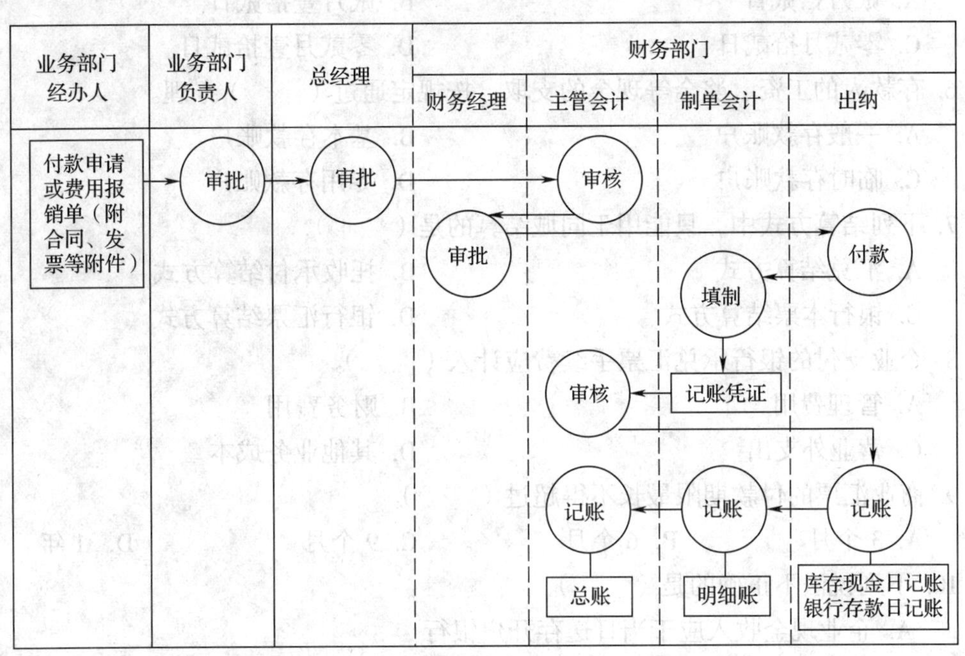

图1—9 万泉河啤酒公司付款业务账务处理流程图

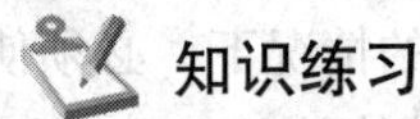

知识练习

一、单项选择题（请在下列选项中选择一个正确答案并填在括号中）

1. 在我国票据种类中，票据上记载出票金额和实际结算金额两种金额的票据是（　　）。

A. 支票　　B. 银行本票　　C. 银行承兑汇票　　D. 银行汇票

2. 2017年甲公司支付销售人员工资10万元，计提专设销售机构使用房屋折旧1万元，支付为扩大销售发生的业务招待费5万元，支付行政部门发生的固定资产修理费用4.5万元，生产车间发生的固定资产修理费3万元，甲公司该年应确认的管理费用为（　　）万元。

A. 23.5　　B. 9.5　　C. 4.5　　D. 12.5

3. 支票的提示付款期限为自出票日起（　　）。

A. 7日　　B. 10日　　C. 1个月　　D. 3个月

4. 银行审核支票付款的依据是支票出票人的（　　）。

A. 电话号码　　B. 身份证

C. 支票存根　　D. 预留银行签章

5. 在填写支票的出票日期时，下列各项中，将“2月12日”填写正确的是（　　）。

A. 贰月拾贰日　　B. 贰月壹拾贰日

C. 零贰月拾贰日　　D. 零贰月壹拾贰日

6. 存款人的工资、奖金等现金的支取，按规定通过（　　）办理。

A. 一般存款账户　　B. 基本存款账户

C. 临时存款账户　　D. 专用存款账户

7. 下列结算方式中，只能用于同城结算的是（　　）。

A. 汇兑结算方式　　B. 托收承付结算方式

C. 银行本票结算方式　　D. 银行汇票结算方式

8. 企业支付的银行承兑汇票手续费应计入（　　）。

A. 管理费用　　B. 财务费用

C. 营业外支出　　D. 其他业务成本

9. 商业汇票的付款期限最长不得超过（　　）。

A. 3 个月　　B. 6 个月　　C. 9 个月　　D. 1 年

10. 下列说法不正确的是（　　）。

A. 企业现金收入应于当日送存开户银行

B. 企业支付现金可以从本企业的现金收入中直接支付

C. 企业从开户行提现，应写明用途

D. 企业在采购地点不固定的情况下，必须使用现金的，应向开户行提出申请

11. 企业下列项目必须用转账结算的是（　　）。

A. 职工的工资、津贴　　B. 个人劳务报酬

C. 向甲公司采购 10,000 元的原材料　　D. 国家规定发给个人的奖金

12. 企业现金长款，经检查未能找出原因，应当（　　）。

A. 不进行账务处理　　B. 经批准转入营业外收入

C. 经批准抵减现金短款　　D. 经批准抵减营业外收入

13. 某企业对基本生产车间所需备用金采用定额备用金制度。当基本生产车间报销日常管理支出时，应贷记的会计账户是（　　）。

A. 其他应收款　　B. 其他应付款

C. 其他货币资金　　D. 库存现金

14. 企业为买卖股票、债券转入证券公司的资金，会计处理时应借记的会计账户是（　　）。

A. 银行存款　　B. 交易性金融资产

C. 其他应收款　　D. 其他货币资金

15. 下列各项中，应计入管理费用的是（　　）。

A. 预计产品质量保证损失　　B. 聘请中介机构年报审计费

C. 专设售后服务网点的职工薪酬　　D. 企业负担的生产职工养老保险费

16. 企业行政管理部门打印机的修理费应计入（　　）。

A. 销售费用　　B. 管理费用
C. 主营业务成本　　D. 其他业务成本

二、多项选择题（请在下列选项中选择多个正确答案并填在括号中）

1. 银行汇票的主要特点有（　　）。
A. 由出票银行签发　　B. 可以异地使用
C. 一律记名可背书转让　　D. 提示付款期限最多为一个月

2. 下列说法中正确的有（　　）。
A. 支票由出票人签发　　B. 银行本票由银行签发
C. 银行汇票由银行签发　　D. 汇兑有信汇和电汇两种

3. 下列结算方式中既适用于同城又适用于异地的有（　　）。
A. 托收承付结算方式　　B. 银行本票结算方式
C. 商业汇票结算方式　　D. 委托收款结算方式

4. 企业下列存款中，应通过“其他货币资金”账户核算的有（　　）。
A. 银行本票存款　　B. 银行汇票存款
C. 信用证存款　　D. 信用卡存款

5. 企业发生的下列费用中，应计入管理费用的有（　　）。
A. 广告费　　B. 筹建期间开办费
C. 业务招待费　　D. 管理部门使用固定资产计提的折旧

6. 采用托收承付结算方式，销货单位收到银行转来的收款通知后（　　）。
A. 借记“银行存款”账户　　B. 贷记“应收账款”账户
C. 借记“其他货币资金”账户　　D. 贷记“其他应收款”账户

7. 按照《现金管理条例》，企业下列经济业务中能够使用现金收付的业务有（　　）。
A. 付差旅费 500 元　　B. 支付职工工资 20,000 元
C. 支付某公司材料款 2,000 元　　D. 购买办公用品 200 元

8. 商业汇票的签发人可以是（　　）。
A. 购货单位　　B. 销货单位
C. 购货单位开户银行　　D. 销货单位开户银行

9. 银行承兑汇票到期，如果承兑申请人无力支付票据款，应（　　）。
A. 由承兑银行付款
B. 可以延期付款
C. 由购销双方自行处理
D. 由银行对承兑申请人执行扣款和计收罚款

10. 下列选项中，应计入管理费用的有（　　）。
A. 诉讼费　　B. 聘请中介机构费

C. 业务招待费　　　　　　　　　　D. 董事会费

11. 下列关于管理费用的说法中，正确的有（　　）。

A. 企业在筹建期间发生的开办费属于管理费用

B. 管理费用属于期间费用

C. 管理费用是指企业为组织和管理企业生产经营发生的各种费用

D. 企业生产车间的固定资产的修理费用属于管理费用

12. 企业年末银行存款日记账余额和银行对账单余额不一致。经逐笔核对，发现以下未达账项，其中使得企业银行存款日记账余额大于银行对账单的有（　　）。

A. 企业送存转账支票，并已登记银行存款增加，但银行尚未记账

B. 企业开出转账支票，但持票单位尚未到银行办理转账，银行尚未记账

C. 企业委托银行代收某公司购货款，银行已收妥并登记入账，但企业未收到收款通知，尚未记账

D. 银行代企业支付电话费，银行已登记企业银行存款减少，但企业未收到付款通知，尚未记账

13. 下列关于现金清查的相关表述中，正确的有（　　）。

A. 对于现金的短缺，应由责任人赔偿的部分，计入其他应收款

B. 对于现金的短缺，无法查明原因的，计入营业外支出

C. 对于现金的盘盈，应支付给有关人员的，计入其他应付款

D. 对于现金的盘盈，无法查明原因的，计入营业外收入

14. 下列选项中，属于未达账项的有（　　）。

A. 企业已开出支票并登记入账，但对方单位尚未到银行兑付

B. 银行已收款入账，但企业尚未入账

C. 企业和银行均已收款入账

D. 银行代付电话费并已入账，但是尚未通知企业

三、判断题（判断正误并在括号内填√或×）

1. 企业签发了空头支票，银行除退票外对其处以支票面值的 5% 但低于 1,000 元的罚款。（　　）

2. 商业承兑汇票到期时，如果购货企业的存款不足以支付票款，开户银行应将汇票退还收款企业，银行不负责付款。（　　）

3. 同城或异地的商品交易、劳务供应均可采用银行本票或银行汇票结算方式。（　　）

4. 代销、赊销、寄销商品可以采用托收承付结算方式。（　　）

5. 按《银行结算办法》的规定，用于转账的银行汇票和银行本票均可背书转让。（　　）

6. 企业从银行提取现金，不会影响资产类账户总额的变动。（　　）

7. 转账支票只能用于转账，而现金支票既可以转账也可以支取现金。 （ ）

8. 为了减员增效，企业的出纳人员除登记库存现金日记账和银行存款日记账外，还可以进行债权债务账目的登记工作。 （ ）

9. 企业可以根据生产经营需要，在一家或几家银行开立基本存款账户。 （ ）

10. 商业汇票的付款期限由交易双方商定。 （ ）

11. 库存现金账户反映企业的库存现金，包括企业内部各部门周转使用、由各部门保管的定额备用金。 （ ）

四、业务题

1. 海南南方公司为增值税一般纳税人，2017 年 11 月份发生如下资金结算业务，请根据以下经济业务编制会计分录。

（1）11 月 3 日，公司开出现金支票一张，向银行提取现金 8,000 元。

（2）11 月 5 日，办公室职工王芳出差，借支差旅费 1,500 元，以现金支付。

（3）11 月 6 日，收到甲单位交来的转账支票一张，金额 50,000 元，用以归还上月所欠货款，支票已送交银行并收妥入账。

（4）11 月 8 日，向乙企业采购甲材料，收到的增值税专用发票上列明价款 100,000 元，增值税 17,000 元，企业采用汇兑结算方式将款项 117,000 元付给乙企业。甲材料已验收入库。

（5）11 月 8 日，公司开出转账支票一张，归还前欠丙单位货款 20,000 元。

（6）11 月 12 日，办公室职工王芳出差回来报销差旅费，原借支 1,500 元，实报销 1,650 元，差额 150 元用现金补付。

（7）11 月 13 日，将现金 1,800 元送存银行。

（8）11 月 15 日，公司委托银行开出 50,000 元的银行汇票，有关手续已办妥，采购员张山持汇票到外地 A 市采购乙材料。

（9）11 月 20 日，张山在 A 市采购结束，取得增值税专用发票上列明的乙材料价款为 45,000 元，增值税 7,650 元，货款共 52,650 元，公司已用银行汇票支付 50,000 元，差额 2,650 元采用汇兑结算方式补付。乙材料已验收入库。

（10）11 月 25 日，公司委托银行开出 20,000 元的银行本票，有关手续已办妥。

（11）11 月 30 日，企业在现金清查中，发现现金短缺 200 元，原因待查。

（12）11 月 30 日，上述短款原因已查明，是出纳员陈红工作失职造成，应由其赔偿。

2. 海南天和公司 2017 年 6 月份的银行存款日记账记录和银行对账单见表 1—2、表 1—3。

表 1—2　　　　　银行存款日记账

第　　页

2017 年		凭证		摘要	对方科目	结算凭证		借方	贷方	余额
月	日	字	号			种类	号数			
				以上记录略						415,000
6	21	记	70	支付差旅费	其他应收款	现支	10785		1,000	414,000
6	22	记	77	提现发薪	库存现金	现支	10786		45,000	369,000
6	24	记	83	办公用品费	管理费用	转支	45761		320	368,680
6	26	记	88	存销货款	主营业务收入	进账单	7852	11,700		380,380
6	30	记	96	邮电费	管理费用	转支	45726		250	380,130
6	30	记	97	存款利息	财务费用	结息单	38976	417		380,547
6	30	记	98	存押金	其他应付款	进账单	7853	3,600		384,147

表 1—3　　　　中国工商银行海口市金盘支行营业部对账单

2017 年 6 月 30 日

2017 年		对方科目代码	摘要	凭证号		借方	贷方	余额
月	日			现金支票	结算凭证			
			以上记录略					415,000
6	21	10	现金支票	10785		1,000		414,000
6	22	10	现金支票	10786		45,000		369,000
6	25	65	转账支票		45761	320		368,680
6	26	10	进账单		7852		11,700	380,380
6	30	46	托收承付		47216		10,000	390,380
6	30	251	结息单		38976		417	390,797
6	30	518	委托收款		36481	20,358		370,439

要求：对海南天和公司的银行存款日记账记录和银行对账单记录进行逐笔核对，找出未达账项，并编制银行存款余额调节表（见表 1—4）。

表 1—4　　　　银行存款余额调节表

年　月　日　　　　　　　　单位：元

银行存款日记账余额：	银行对账单余额：
加：银行已收，企业未收	加：企业已收，银行未收
减：银行已付，企业未付	减：企业已付，银行未付
调节后余额：	调节后余额：

编制人：　　　　　　　　编制日期：2017 年 7 月 3 日

3. 某企业 2017 年 8 月 31 日银行存款日记账余额为 512 万元，银行对账单余额为 530 万元，经查对有下列事项：

（1）企业于月末存入已拿回的转账支票 4 万元，银行尚未入账。

（2）委托银行代收的销货款 24 万元，银行已经收到入账，但企业尚未收到银行收款通知。

（3）银行代付本月电话费 8 万元，企业尚未收到银行付款通知。

（4）企业于月末开出转账支票 6 万元，持票人尚未到银行办理转账手续。

要求：填制银行存款余额调节表（见表 1—5）。

表 1—5　　　　银行存款余额调节表

年　月　日　　　　　　　　单位：万元

银行存款日记账余额：	银行对账单余额：
加：银行已收，企业未收	加：企业已收，银行未收
减：银行已付，企业未付	减：企业已付，银行未付
调节后余额：	调节后余额：

编制人：　　　　　　　　编制日期：2017 年 9 月 3 日

五、不定项选择题（请在下列选项中选择一个或多个正确答案并填在括号中）

海南大海公司是增值税小规模纳税人，2017 年 9 月份发生如下业务：

（1）9 月 8 日，收到甲企业开出的银行汇票一张，用以支付前欠货款，金额 80,000 元，汇票已送交银行并收妥入账。

（2）9月9日，收到乙企业开出的转账支票一张，用以支付前欠货款，金额200,000元。

（3）9月15日，向丁企业销售商品一批，开具的增值税普通发票上金额50,000元，已发货并办妥委托收款手续，确认收入时暂不考虑增值税，期末一并计算。

（4）6月18日，曾向丙企业采购A材料，收到的增值税普通发票上列明价款200,000元，增值税6,000元。材料已验收入库，当时开出3个月的银行承兑汇票支付。9月18日到期后，大海公司由于一时资金周转不灵，无力支付。

（5）企业通过现金清查，发现库存现金短缺80元。

要求：根据上述资料，不考虑其他因素，回答下列问题。

（1）根据资料（1），甲企业收妥入账时，应做的会计分录是（　　）。

A. 借：其他货币资金——银行汇票　80,000
　　贷：应收账款　80,000

B. 借：银行存款　80,000
　　贷：应收账款　80,000

C. 借：其他货币资金——银行汇票　80,000
　　贷：应付账款　80,000

D. 借：银行存款　80,000
　　贷：应付账款　80,000

（2）根据资料（2），大海公司收到转账支票时，可通过（　　）方式办理入账手续。

A. 直接将转账支票送存本公司开户银行

B. 直接将转账支票送存乙企业开户银行

C. 在转账支票背面加盖银行预留印鉴，作委托收款背书后连同填制好的进账单送本公司开户银行委托收款

D. 在转账支票背面背书人签章栏加盖银行预留印鉴，连同填制好的进账单送交乙企业开户银行

（3）根据资料（3），大海公司对该业务应做的会计分录是（　　）。

A. 借：其他货币资金　50,000
　　贷：主营业务收入　50,000

B. 借：银行存款　50,000
　　贷：主营业务收入　50,000

C. 借：应收账款　50,000
　　贷：主营业务收入　50,000

D. 借：应收票据　50,000
　　贷：主营业务收入　50,000

（4）根据资料（4），以下表述正确的是（　　）。

A. 6月18日应将206,000元确认为“应付票据”

B. 6 月 18 日应将 206,000 元确认为“应收票据”

C. 9 月 18 日无力支付时，应将 206,000 元转入“应付账款”

D. 9 月 18 日无力支付时，应将 206,000 元转入“银行存款”

（5）根据资料（5），如无法查明原因，经批准后，应借记的会计科目是（　　）。

A. 管理费用　　B. 营业外支出

C. 其他应收款　　D. 待处理财产损溢

项目 2 筹集资金的核算

复习指导

1. 企业筹集资金过程中，主要有接受投资业务和借款业务。会计人员首先要了解上述业务活动中财务部与企业内外相关部门或单位所发生的关系，如图 2—1、图 2—2 所示，了解上述业务活动中各类单据、资料的传递过程，特别要掌握财务部在有关业务中接收或发出的单据、资料的处理方法。

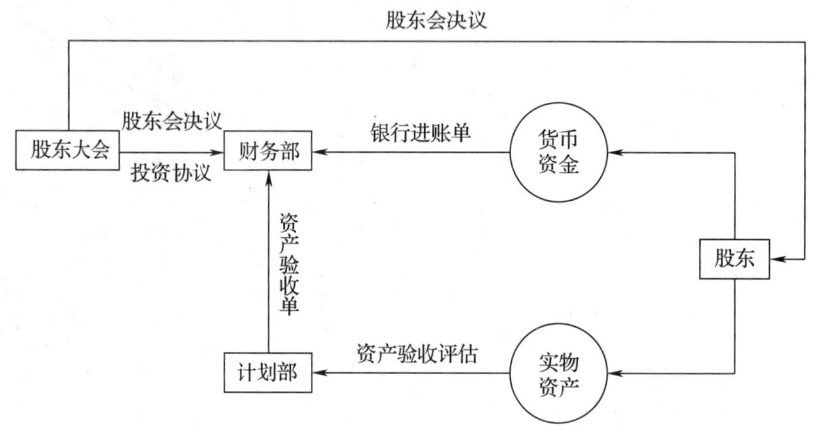

图 2—1 接受投资业务活动中财务部和企业内外部的关系

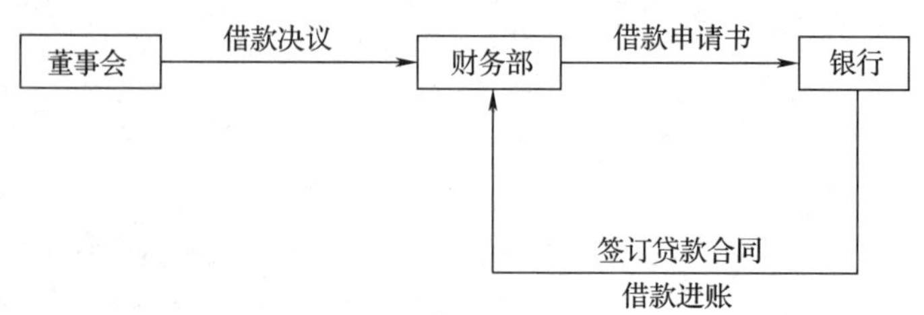

图 2—2 借款业务活动中财务部和企业内外部的关系

2. 筹集资金核算业务的主要环节如图 2—3 所示。其中，本项目重点掌握权益性筹资环节和银行借款环节的具体账务处理程序，如图 2—4、图 2—5 所示，这是会计人员在筹资核算中常见的业务。

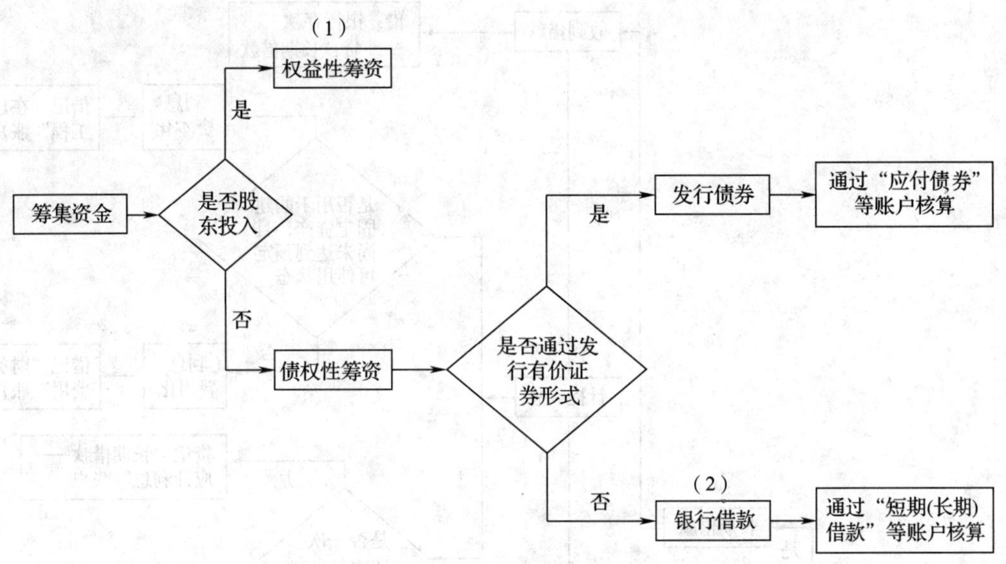

图 2—3　筹集资金核算业务环节总括图

（1）权益性筹资环节

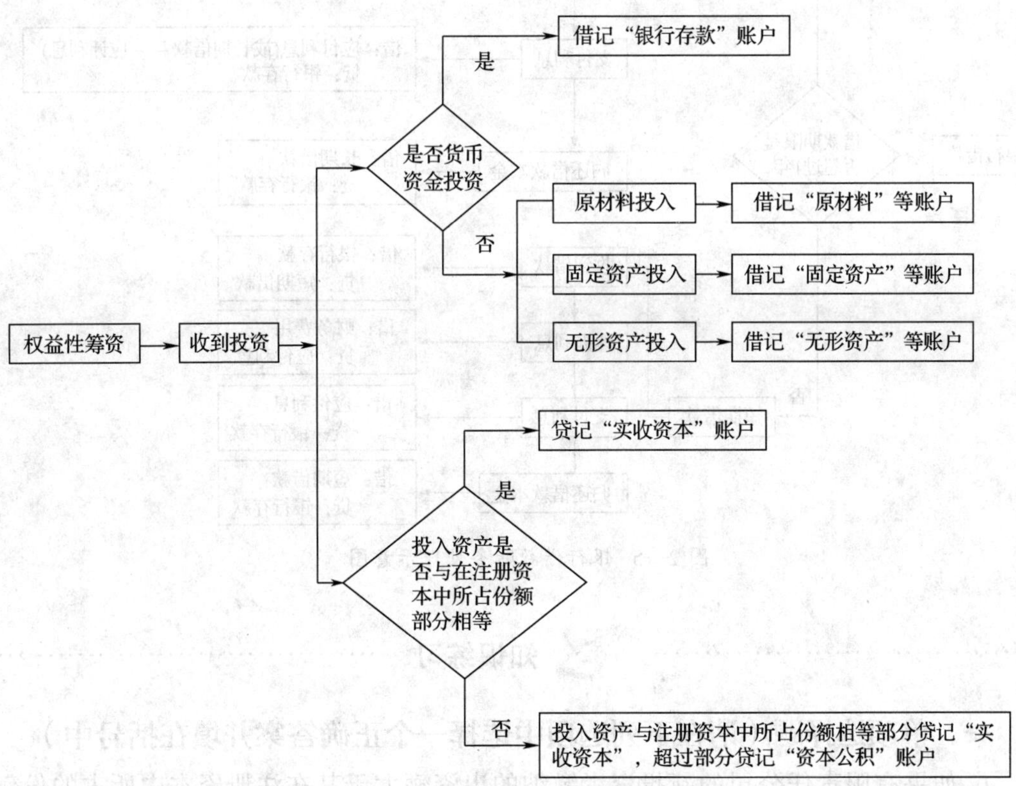

图 2—4　权益性筹资账务处理示意图

（2）银行借款环节

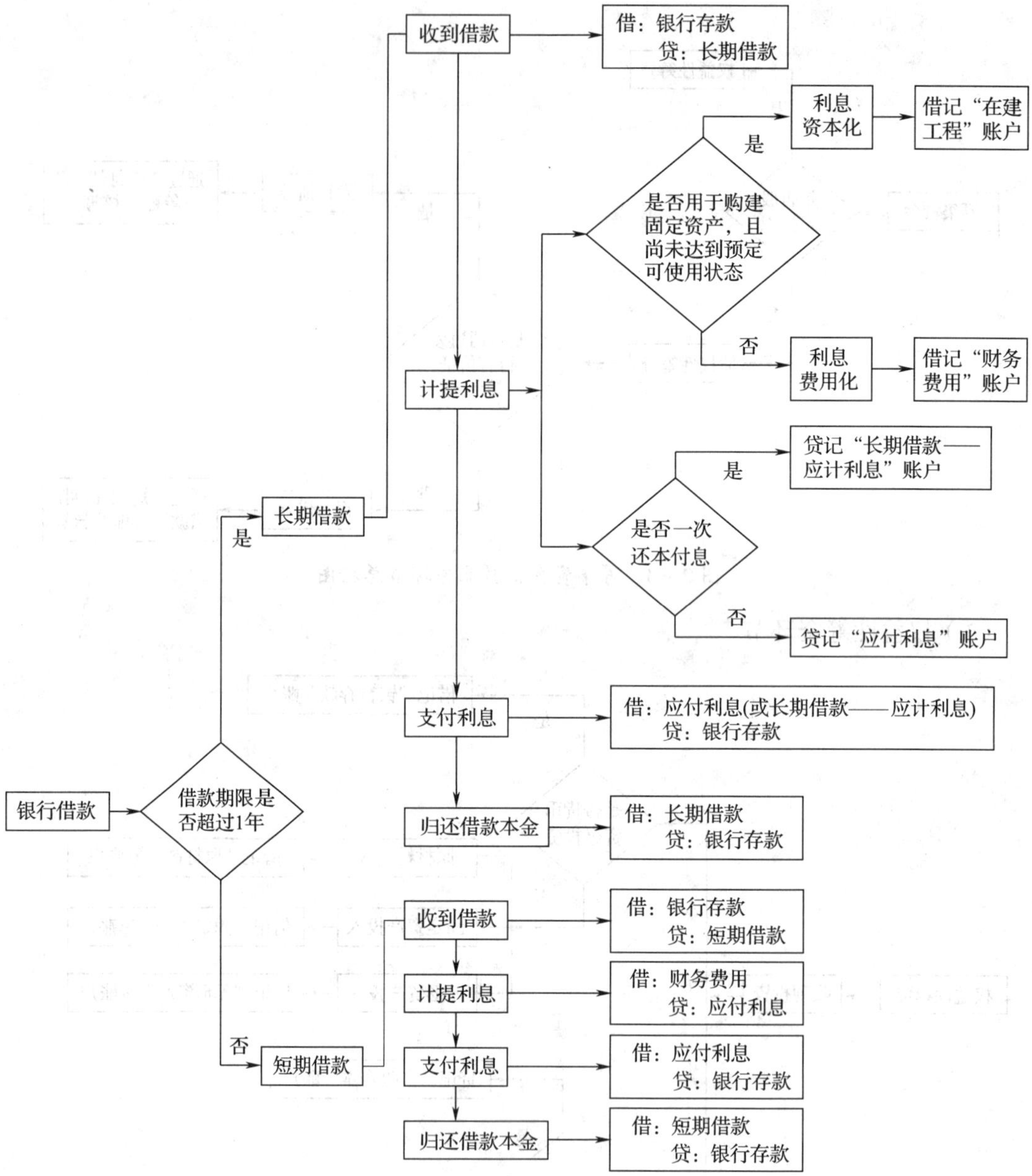

银行借款

借款期限是否超过1年

是：长期借款

收到借款 → 借：银行存款　贷：长期借款

计提利息 → 是否用于购建固定资产，且尚未达到预定可使用状态

是 → 利息资本化 → 借记“在建工程”账户

否 → 利息费用化 → 借记“财务费用”账户

计提利息 → 是否一次还本付息

是 → 贷记“长期借款——应计利息”账户

否 → 贷记“应付利息”账户

支付利息 → 借：应付利息(或长期借款——应计利息)　贷：银行存款

归还借款本金 → 借：长期借款　贷：银行存款

否：短期借款

收到借款 → 借：银行存款　贷：短期借款

计提利息 → 借：财务费用　贷：应付利息

支付利息 → 借：应付利息　贷：银行存款

归还借款本金 → 借：短期借款　贷：银行存款

图 2—5　银行借款账务处理示意图*

知识练习

一、单项选择题（请在下列选项中选择一个正确答案并填在括号中）

1. 如果有限责任公司的新投资者缴纳的出资额大于其在注册资本中所占的份额，

* 由于中小型企业发行债券筹资业务很少，发行债券的账务处理程序略去。

则其超过部分应计入（　　）账户。

A. 营业外收入　　B. 实收资本　　C. 资本公积　　D. 盈余公积

2. 下列关于长期借款账务处理的说法，正确的有（　　）。

A. 长期借款属于筹建期间的，不符合资本化条件的利息费用应该计入财务费用

B. 长期借款属于筹建期间的，不符合资本化条件的利息费用应该计入管理费用

C. 长期借款利息应全部计入财务费用

D. 长期借款利息费用应全部计入在建工程

3. 短期借款利息核算不会涉及的账户是（　　）。

A. 短期借款　　B. 应付利息　　C. 财务费用　　D. 银行存款

4. 2017 年 7 月 1 日，甲企业从某银行借款 500 万元，期限 5 年、到期一次还本付息、年利率 6%（不计复利），至 2017 年 12 月 31 日，“长期借款”账户的账面余额为（　）万元。

A. 515　　B. 560　　C. 500　　D. 545

5. 某公司短期借款利息采取月末预提的方式核算，则下列预提短期借款利息的会计分录，正确的是（　　）。

A. 借：财务费用
　　贷：应付利息

B. 借：管理费用
　　贷：应付利息

C. 借：财务费用
　　贷：应付账款

D. 借：管理费用
　　贷：应付债券

二、多项选择题（请在下列选项中选择多个正确答案并填在括号中）

1. 企业吸收投资者出资时，下列会计账户的余额可能发生变化的有（　　）。

A. 盈余公积　　B. 资本公积　　C. 实收资本　　D. 利润分配

2.“长期借款”下可设哪些明细账户（　　）。

A. 本金　　B. 应计利息　　C. 应付利息　　D. 利息调整

3. 法律允许的投资者出资形式有（　　）。

A. 货币资金　　B. 固定资产　　C. 无形资产　　D. 库存商品

4. 长期借款应付利息的核算账户有（　　）。

A. 其他应付款　　B. 长期借款　　C. 长期应付款　　D. 应付利息

5. 企业增加实收资本的方式主要有（　　）。

A. 接受投资者追加投资　　B. 发放现金股利

C. 资本公积转增资本　　D. 盈余公积转增资本

6. 甲股份有限公司首次接受现金资产投资，在进行会计处理时可能涉及的会计科目有（　　）。

A. 银行存款　　B. 股本　　C. 盈余公积　　D. 资本公积

7. 甲公司属于增值税小规模纳税人，2017 年 9 月 1 日收到乙公司作为资本投入的

原材料一批，该批原材料的合同约定价值是1,500万元，增值税的进项税额为255万元，假定合同约定的价值与公允价值相符，同时不考虑其他因素，则甲公司的以下会计处理中，正确的有（　　）。

A. 应计入原材料的金额是1,500万元

B. 应计入原材料的金额是1,755万元

C. 甲公司实收资本的数额是1,500万元

D. 甲公司实收资本的数额是1,755万元

三、判断题（判断正误并在括号内填√或 ×）

1. 资本公积反映的是企业收到投资者出资额超出其在注册资本或股本中所占份额的部分及直接计入当期损益的利得和损失。（　　）

2. 企业为购建某项固定资产借入的专门借款，在该项固定资产达到预定可使用状态后所发生的专门借款的利息费用一律应予资本化。（　　）

3. 企业长期借款是长期应付款的一个项目。（　　）

4. 短期借款利息在预提或实际支付时均应通过“短期借款”账户核算。（　　）

5. 企业接受非货币资产投资时，应按照投资合同或协议约定的价值确定非货币资产的入账价值，投资合同或协议约定价值不公允的除外。（　　）

6. 有限责任公司在设立时投入的非货币性资产的价值与实收资本一致，不存在资本公积——资本溢价的问题。（　　）

7. 一般纳税人企业接受的原材料投资，其进项税额不能计入实收资本。（　　）

8. 短期借款是指企业向银行或者其他金融机构等借入的期限在1年以下（不含1年）的各种借款。（　　）

9. 分期付息到期还本的长期借款，企业计提利息时增加长期借款的账面价值；企业计提一次还本付息的长期借款利息不增加借款的账面价值。（　　）

四、业务题

1. 海南大海公司于2017年1月1日向银行借入120,000元，期限9个月，年利率为8%。该借款到期后按期如数归还，利息分月预提，按季支付。

要求：编制该公司借入款项、按月预提利息、按季支付利息和到期归还本金的会计分录。

2. 海南蓝天公司于2015年1月1日从银行借入资金1,000万元，借款期限为3年，年利率为6%，利息于每年年初支付，到期归还本金及最后一年利息。所借款项于收到之日起全部用于厂房的建设，该厂房于2017年1月1日达到预定可使用状态并交付使用。

要求：编制该公司从取得借款到归还借款的会计分录。（编制分录时计量单位用万元）

3. 海南椰林公司属于工业企业，为增值税一般纳税人，由甲、乙、丙三位股东于2015 年 12 月 5 日共同出资设立，注册资本为 800 万元。出资协议规定，甲、乙、丙三位股东出资比例分别为 40%、35% 和 25%，相关资料如下：

（1）2015 年 12 月 5 日三位股东的出资方式以及出资额见表 2—1。其中，各位股东的出资已全部到位，并经中国注册会计师验证，有关法律手续已经办妥。

表 2—1　　股东出资方式及出资额明细表

单位：万元

出资者	货币资金	实物资产	无形资产	合计
甲	270		50（专利权）	320
乙	130	150（设备）		280
丙	170	30（汽车）		200
合计	570	180	50	800

（2）2017 年 12 月 31 日，吸收丁股东加入本公司，将海南椰林公司注册资本由原 800 万元增到 1,000 万元。丁股东以银行存款 100 万元、原材料 58.5 万元（增值税专用发票中注明材料计税价格为 50 万元，增值税 8.5 万元）出资，占增资后注册资本 10% 的股份；其余的 100 万元增资由甲、乙、丙三位股东按原持股比例分别以银行存款出资。2017 年 12 月 31 日，四位股东的出资已全部到位，并取得丁股东开出的增值税专用发票，有关的法律手续已经办妥。

要求：

（1）编制椰林公司 2015 年 12 月 5 日收到投资者投入资本的会计分录（“实收资本”写出明细账户，编制分录时计量单位用万元）。

（2）计算椰林公司 2017 年 12 月 31 日吸收丁股东出资时产生的资本公积。

（3）编制椰林公司 2017 年 12 月 31 日增收到甲、乙、丙股东追加投资和丁股东出资的会计分录。

（4）计算椰林公司 2017 年 12 月 31 日增资扩股后各股东的持股比例。

五、不定项选择题（请在下列选项中选择一个或多个正确答案并填在括号中）

甲企业是 2016 年 1 月 1 日由 A 公司和 B 公司共同出资成立的，注册资本为 400 万元。每个股东出资 200 万元，各占 50% 的股份，甲企业为增值税一般纳税人。

（1）2016 年 2 月 1 日，从银行借入资金 100 万，借款期限是 2 年，年利率是 8%（到期一次还本付息），借款已经存入银行，甲企业将该笔借款用于厂房建设。2016 年 2 月 1 日至 2016 年 7 月 31 日属于筹建期（相关利息支出不符合资本化条件）。2016 年

8月1日，开始建造厂房，一直到2017年7月31日，该厂房达到预定使用状态。

（2）2018年1月1日，“资本公积”贷方余额为20万元。1月份发生如下业务（所涉及款项全部以银行存款收支）：1月1日股东A公司和B公司决定吸收C、D两家公司作为新投资者加入甲企业。经有关部门批准后，甲企业实施增资，将实收资本增加到800万元。经四方协商，一致同意，完成下述投入后，各占甲企业25%的股份。C、D投资者的出资情况如下：投资者C公司以300万元投入甲企业作为增资，1月11日收到此款项并存入银行。投资者D公司以一批原材料投入甲企业作为增资，双方确认的价值为200万元，税务部门认定应交增值税额为34万元，投资者D已开具了增值税专用发票。

要求：根据上述资料，不考虑其他因素，回答下列问题。

（1）根据资料（1），甲企业借入这笔借款，以下表述正确的是（　　）。

A. 借入的款项应计入“短期借款”账户

B. 借入的款项应计入“长期借款”账户

C. 计提利息时应计入“应付利息”账户

D. 计提利息时应计入“长期借款——应计利息”账户

（2）根据资料（1），甲企业借入这笔款项，以下有关利息的计算正确的是（　　）。

A. 应该计入“管理费用”账户的金额4万元

B. 应该计入“在建工程”账户的金额8万元

C. 应该计入“固定资产”账户的金额8万元

D. 应该计入“财务费用”账户的金额4万元

（3）根据资料（2），甲企业在接受D公司投资时，以下会计处理中，正确的有（　　）。

A. 应该计入原材料的金额是200万元

B. 应该计入原材料的金额是234万元

C. 应计入实收资本的数额是200万元

D. 应计入实收资本的数额是234万元

（4）根据资料（2），甲企业在2018年1月完成增资扩股后，资本公积账户余额为（　　）万元。

A. 134　　B. 120　　C. 54　　D. 154

项目3　生产准备——非流动资产的核算

复习指导

生产准备——非流动资产核算主要包括固定资产和无形资产两类。

1. 企业生产经营过程中，必须购置经营所需的厂房、设备等固定资产以及专业技术使用权等无形资产。会计人员首先要了解购置固定资产、无形资产业务活动中财务部与企业各部门之间的业务关系，如图3—1所示，了解上述业务活动中各类单据、资料的传递过程，特别要掌握财务部在有关业务中接收的单据、资料的处理方法。

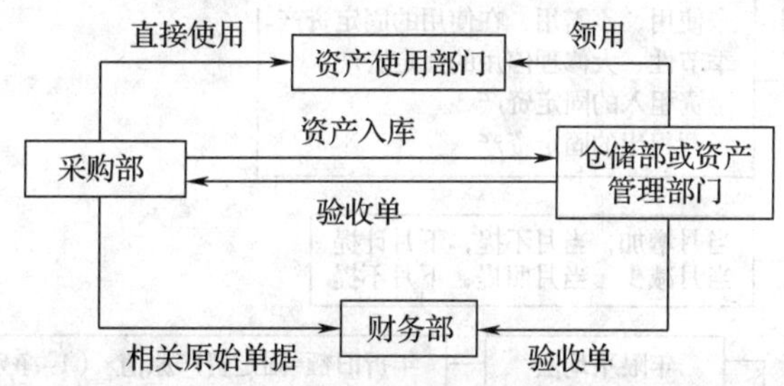

图3—1　购置固定资产、无形资产业务活动中财务部和企业各部门的关系

2. 固定资产核算业务的主要环节如图3—2所示。其中，重点掌握固定资产取得、折旧、后续支出和处置环节的具体账务处理程序，如图3—3至图3—6所示，这是会计人员在固定资产核算中常见的业务。

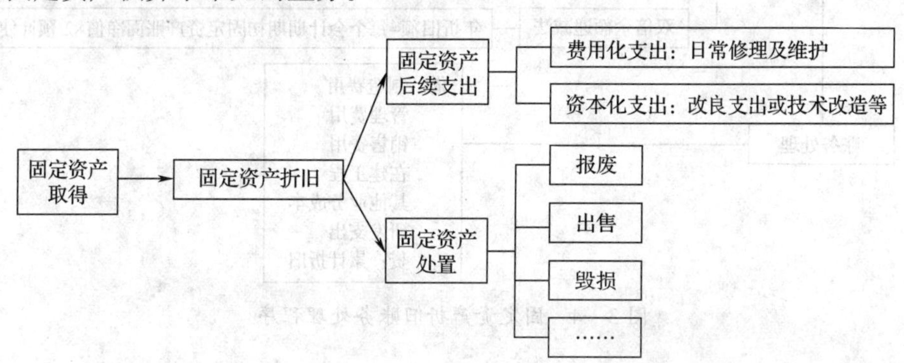

图3—2　生产准备——固定资产核算业务环节总括图

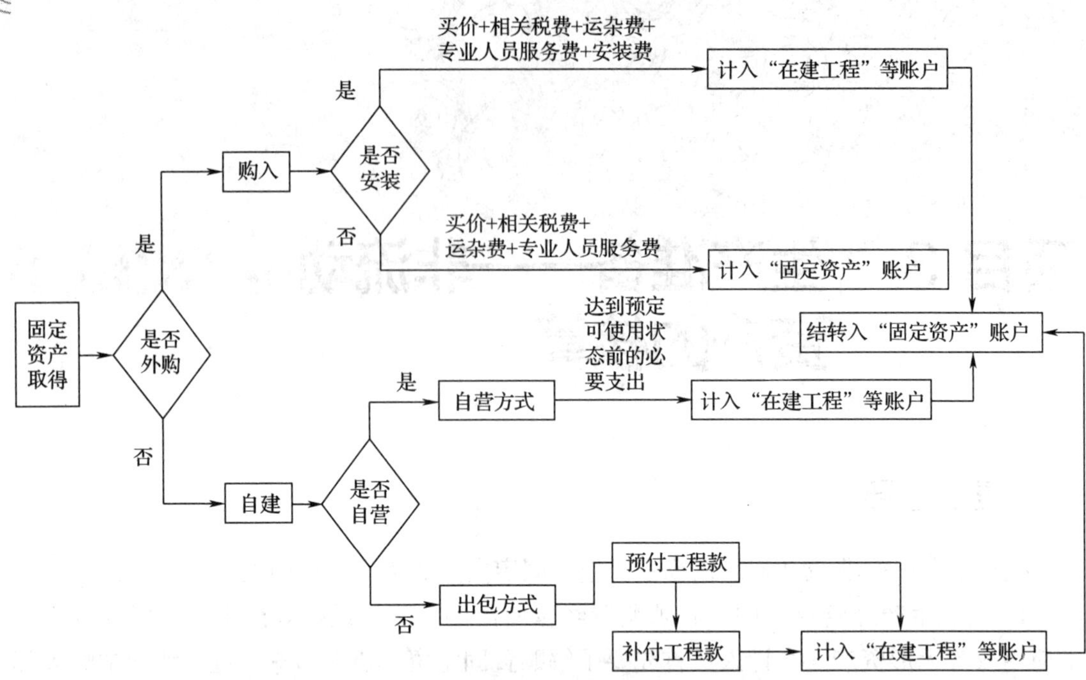

图 3—3　固定资产取得账务处理程序

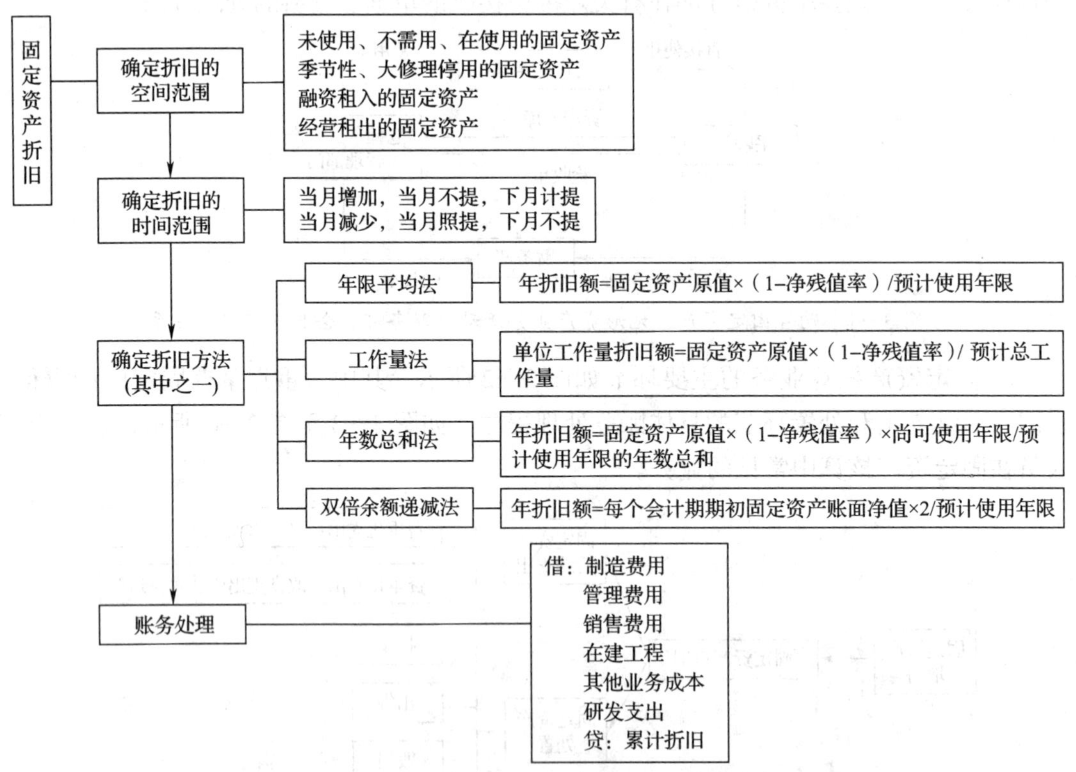

图 3—4　固定资产折旧账务处理程序

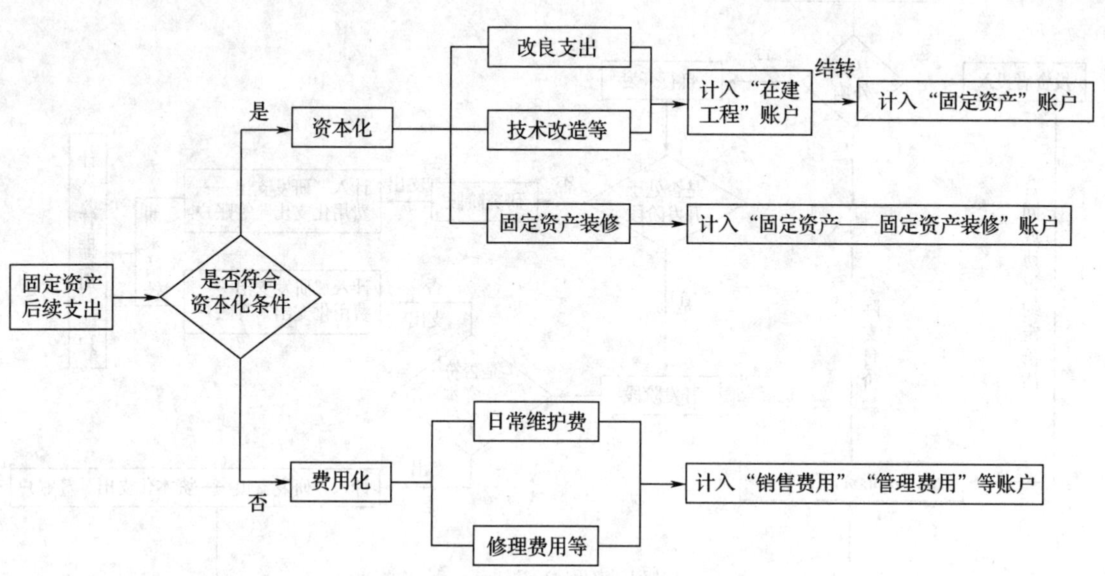

图 3—5　固定资产后续支出账务处理程序

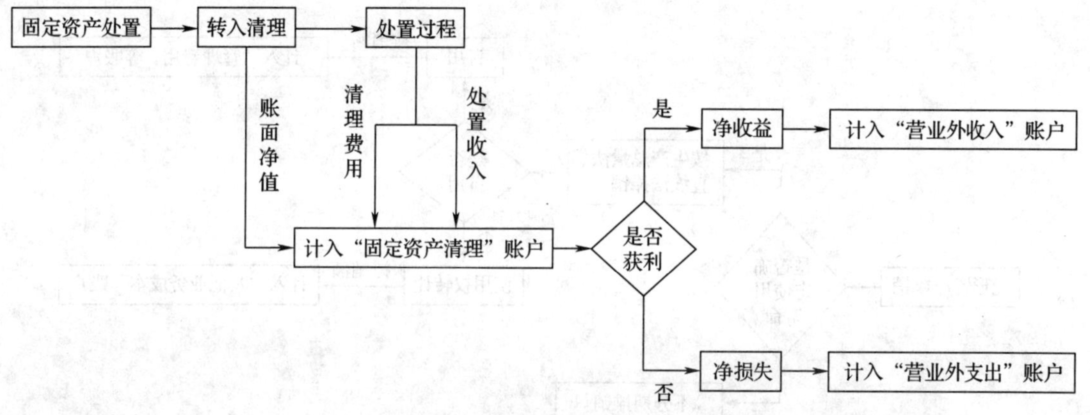

图 3—6　处置固定资产账务处理程序

3. 无形资产核算业务的主要环节如图 3—7 所示。其中，重点掌握无形资产取得、摊销、转让环节的具体账务处理程序，如图 3—8 至图 3—10 所示，这是会计人员在无形资产核算中常见的业务。

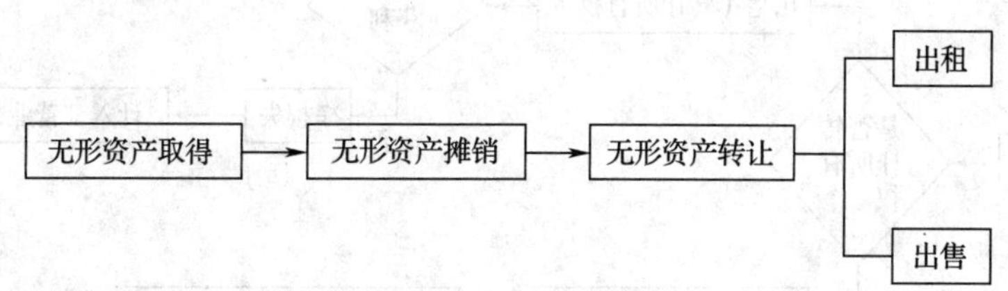

图 3—7　生产准备——无形资产核算业务环节总括图

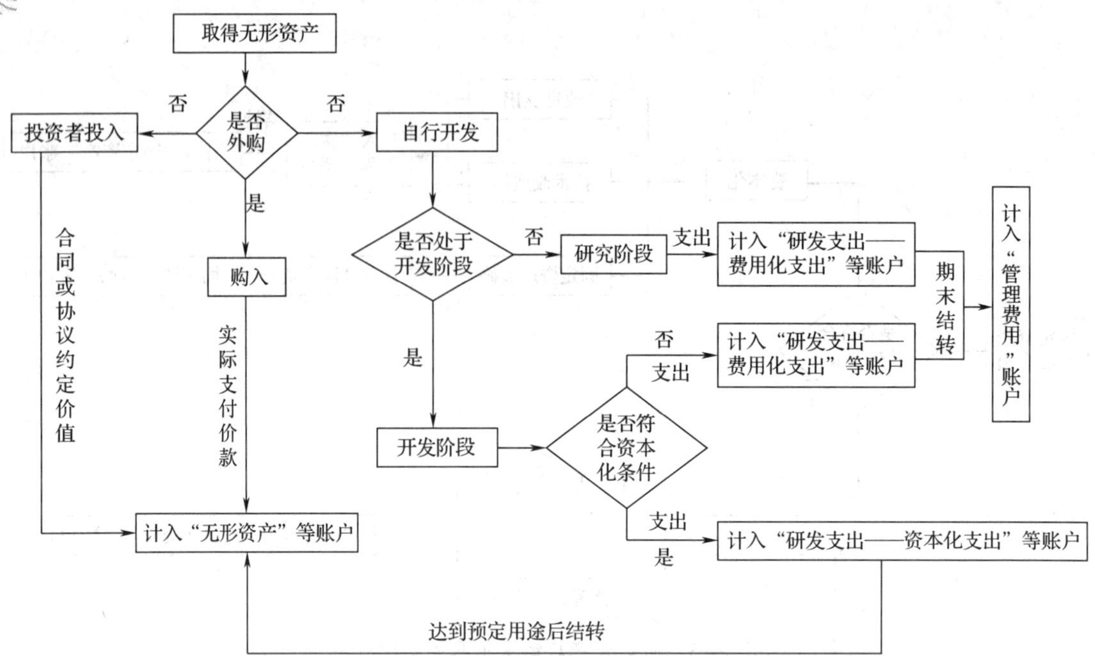

图 3—8　无形资产取得账务处理程序

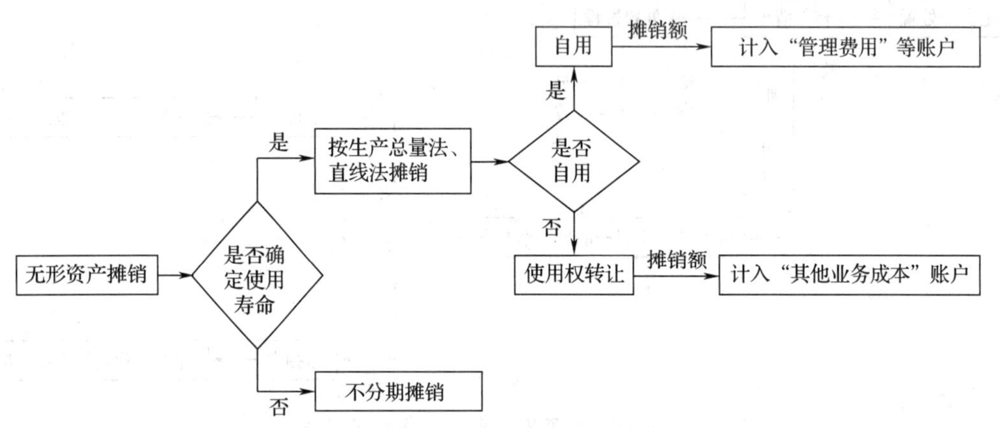

图 3—9　无形资产摊销账务处理程序

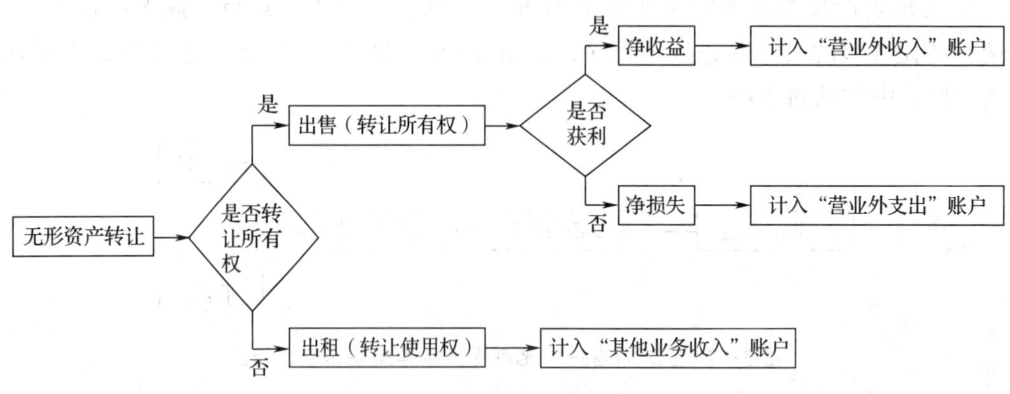

图 3—10　无形资产转让账务处理程序

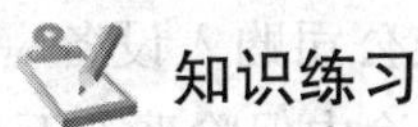

知识练习

知识练习 I

一、单项选择题（请在下列选项中选择一个正确答案并填在括号中）

1. 2018 年 3 月 1 日，某企业开始研究开发一项新技术，当月共发生研发支出 800 万元，其中，费用化的金额 650 万元，符合资本化条件的金额 150 万元。3 月末，研发活动尚未完成。该企业 2018 年 3 月应计入当期利润总额的研发支出为（　　）万元。

A. 0　　B. 150　　C. 650　　D. 800

2. 某企业转让一项专利权，与此有关资料如下：该专利权的账面余额 50 万元，已摊销 20 万元，计提资产减值准备 5 万元，取得转让价款 28 万元，应交税费 1.6 万元。假定不考虑其他因素，该企业应确认的转让无形资产净收益为（　　）万元。

A. −2　　B. 1.40　　C. 3　　D. 8

3. 某企业 2016 年 12 月 31 日购入一台设备，入账价值 90 万元，预计使用年限 5 年，预计净残值 6 万元，按年数总和法计算折旧。该设备 2018 年计提的折旧额为（　　）万元。

A. 16.80　　B. 21.60　　C. 22.40　　D. 24.00

4. 某企业出售一幢办公楼，该办公楼账面原价 370 万元，累计折旧 115 万元，未计提减值准备。出售取得价款 360 万元，发生清理费用 10 万元，应交增值税 35.7 万元。假定不考虑其他相关税费，该企业出售该幢办公楼确认的净收益为（　　）万元。

A. 10　　B. 59.3　　C. 95　　D. 105

5. 某企业将自产的一批应税消费品（非金银首饰）用于在建职工食堂工程。该批消费品成本为 750 万元，计税价格为 1,250 万元，适用的增值税税率为 17%，消费税税额为 125 万元，计入在建工程成本的金额为（　　）万元。

A. 875.00　　B. 962.50　　C. 1,087.50　　D. 1,587.50

6. 某股份有限公司以 65 万元的价格转让一项无形资产，同时发生增值税 3.7 万元，假定不考虑其他税费。该无形资产于 3 年前购入并投入使用，其入账价值为 200 万元，预计有效年限为 5 年，无净残值，采用直线法进行摊销。转让该无形资产发生的净损失为（　　）万元。

A. 18.7　　B. 15　　C. 61.3　　D. 135

7. 企业的下列固定资产，按规定不应计提折旧的是（　　）。

A. 经营性租入的设备　　B. 融资租入的设备

C. 经营性租出的设备　　D. 未使用的设备

8. 某项固定资产原值为 15,500 元，预计使用年限为 5 年，预计净残值为 500 元，按双倍余额递减法计提折旧，则第二年末该固定资产的账面价值为（　　）元。

A. 5,580　　B. 6,320　　C. 5,900　　D. 6,500

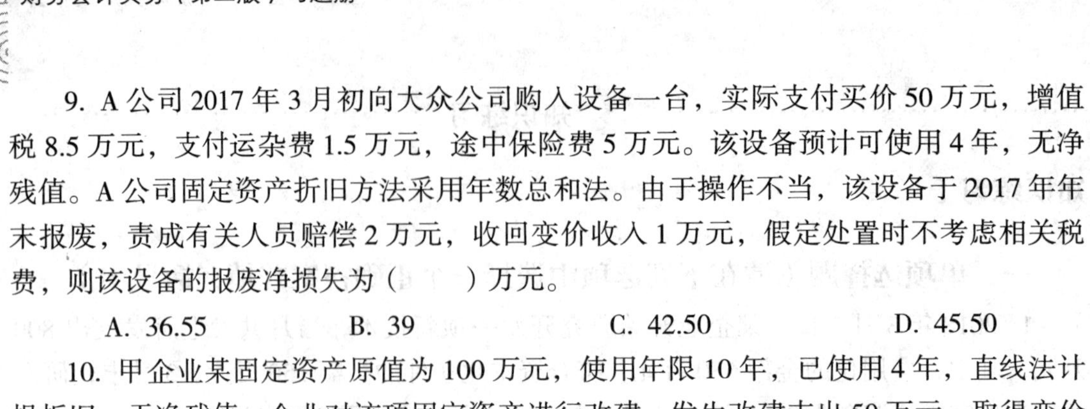

9. A 公司 2017 年 3 月初向大众公司购入设备一台，实际支付买价 50 万元，增值税 8.5 万元，支付运杂费 1.5 万元，途中保险费 5 万元。该设备预计可使用 4 年，无净残值。A 公司固定资产折旧方法采用年数总和法。由于操作不当，该设备于 2017 年年末报废，责成有关人员赔偿 2 万元，收回变价收入 1 万元，假定处置时不考虑相关税费，则该设备的报废净损失为（　　）万元。

A. 36.55　　B. 39　　C. 42.50　　D. 45.50

10. 甲企业某固定资产原值为 100 万元，使用年限 10 年，已使用 4 年，直线法计提折旧，无净残值。企业对该项固定资产进行改建，发生改建支出 50 万元，取得变价收入 5 万元。假定不考虑相关税费，则改建后该项固定资产的入账价值为（　　）万元。

A. 105　　B. 110　　C. 145　　D. 150

11. 某企业 2017 年 6 月 15 日自行建造的一条生产线投入使用，该生产线建造成本为 430 万元，预计使用年限为 5 年，预计净残值为 10 万元。在采用双倍余额递减法计提折旧的情况下，2017 年该设备应计提的折旧额为（　　）万元。

A. 70　　B. 86　　C. 42　　D. 84

12. 企业的固定资产在盘亏时首先应通过下列（　　）账户核算。

A. 待处理财产损溢　　B. 固定资产清理

C. 在建工程　　D. 管理费用

13. 某增值税一般纳税人企业 2017 年自建厂房一幢，购入工程物资 100 万元，增值税税额为 17 万元，已全部用于建造厂房；耗用库存材料 50 万元，增值税税额为 8.5 万元；支付工程人员工资 30 万元。该厂房的入账价值为（　　）万元。

A. 130　　B. 158.5　　C. 180　　D. 205.5

14. 2017 年 12 月 31 日，甲公司购入一台设备并投入使用，其成本为 25 万元，预计使用工时为 100,000 小时，预计净残值 1 万元，采用工作量法计提折旧。假定不考虑其他因素，2018 年度的工时为 20,000 小时，则该设备 2018 年应计提的折旧为（　　）万元。

A. 4.8　　B. 8　　C. 9.6　　D. 10

15. 出租的无形资产，其摊销金额一般计入（　　）。

A. 其他业务成本　　B. 财务费用　　C. 管理费用　　D. 销售费用

16. A 公司为增值税一般纳税人，2018 年 1 月 5 日购入一项专利权，支付价款 2,700 万元，支付增值税 162 万元。为推广由该专利权生产的产品，A 公司发生广告宣传费 60 万元。该专利权预计使用 5 年，预计净残值为零，采用直线法摊销。假定不考虑其他因素，该专利权的入账价值为（　　）万元。

A. 2,862　　B. 2,922　　C. 2,760　　D. 2,700

17. 2018 年 1 月 1 日，A 公司将其一项专利技术出租，每月租金 10 万元，租赁期 2 年。该无形资产是 2013 年 3 月 31 日研发成功并达到预定可使用状态，成本为 200 万元，预计使用年限为 10 年，预计净残值为零。不考虑相关税费，该项业务对 A 公司 2018 年度损益的影响为（ ）万元。

A. 120 B. 100 C. 150 D. 200

二、多项选择题（请在下列选项中选择多个正确答案并填在括号中）

1. 下列各项固定资产，应当计提折旧的有（ ）。
   A. 闲置的固定资产 B. 单独计价入账的土地
   C. 经营租出的固定资产 D. 已提足折旧仍继续使用的固定资产
2. 下列各项，影响固定资产折旧的因素有（ ）。
   A. 预计净残值 B. 原价
   C. 已计提的减值准备 D. 使用寿命
3. 下列折旧方法中，属于加速折旧方法的是（ ）。
   A. 年限平均法 B. 年数总和法 C. 双倍余额递减法 D. 工作量法
4. 企业结转固定资产净损益时，可能涉及的会计账户有（ ）。
   A. 其他业务收入 B. 营业外收入
   C. 营业外支出 D. 其他业务成本
5. 企业对使用寿命有限的无形资产进行摊销时，其摊销额应根据不同情况分别计入（ ）。
   A. 管理费用 B. 制造费用
   C. 主营业务成本 D. 其他业务成本
6. 下列固定资产中，不计提折旧的有（ ）。
   A. 单独估价入账的土地 B. 当月减少的固定资产
   C. 未提足折旧提前报废的固定资产 D. 经营租入的固定资产
7. 在固定资产开始计提折旧时，就需要考虑固定资产净残值的折旧方法有（ ）。
   A. 平均年限法 B. 工作量法
   C. 双倍余额递减法 D. 年数总和法
8. 下列各项支出，应计入无形资产成本的有（ ）。
   A. 购入专利权发生的支出 B. 购入非专利技术发生的支出
   C. 取得土地使用权发生的支出 D. 研发新技术在研究阶段发生的支出
9. 下列各项中，会引起固定资产账面价值发生变化的有（ ）。
   A. 计提固定资产减值准备 B. 计提固定资产折旧
   C. 固定资产改扩建（符合资本化条件） D. 固定资产大修理
10. 企业对固定资产计提折旧时，其折旧额应根据不同情况分别计入（ ）。
    A. 管理费用 B. 制造费用
    C. 财务费用 D. 其他业务成本

11. 下列各项中，应计提固定资产折旧的有（　　）。

A. 经营租入的办公楼

B. 融资租入的设备

C. 已投入使用但未办理竣工决算的厂房

D. 季节性停用的固定资产

12. 下列各项中，应通过“固定资产清理”科目核算的有（　　）。

A. 毁损的固定资产　　B. 改扩建的固定资产

C. 出售的固定资产　　D. 报废的固定资产

13. 关于自行研究开发的无形资产，下列说法中不正确的有（　　）。

A. 研究阶段的支出，应当资本化，确认为无形资产

B. 研究阶段的支出，应当费用化，月末转入当期损益

C. 研发支出，应当区分研究阶段支出与开发阶段支出

D. 开发阶段的支出，应当资本化，确认为无形资产

14. 关于无形资产会计处理的表述中，不正确的有（　　）。

A. 使用寿命有限的无形资产，按照 10 年时间进行摊销

B. 有偿取得的自用土地使用权应确认为无形资产

C. 内部研发项目开发阶段支出应全部确认为无形资产

D. 无形资产减值损失一经确认在以后会计期间不得转回

三、判断题（判断正误并在括号内填√或 ×）

1. 固定资产的各组成部分具有不同使用寿命、适用不同折旧率的，应当分别将各组成部分确认为单项固定资产。（　　）

2. 对于已达到预定可使用状态但尚未办理竣工决算的固定资产，待办理竣工决算后，若实际成本与原暂估价值存在差异的，应调整已计提折旧。（　　）

3. 企业对固定资产进行更新改造时，应当将该固定资产账面价值转入在建工程，并在此基础上核算经更新改造后的固定资产原价。（　　）

4. 在建工程达到预定可使用状态前试运转所发生的净支出，应当计入营业外支出。（　　）

5. 因进行大修理而停用的固定资产，应当照提折旧，计提的折旧应计入相关成本费。（　　）

6. 无形资产在使用的当月开始摊销，处置无形资产的当月不再摊销。（　　）

7. 固定资产出售、报废、毁损，均应通过“固定资产清理”账户核算，计算处置固定资产的净损益，然后直接转入本年利润。（　　）

8. 固定资产日常修理支出不增加固定资产价值，固定资产改扩建支出，都应当增加固定资产价值。（　　）

9. 固定资产的入账价值中应当包括企业为取得固定资产而缴纳的契税、耕地占用

税、车辆购置税等相关税费。（ ）

10. 固定资产的后续支出都应计入当期费用。（ ）

11. 自行研发无形资产获得成功申请专利权的，注册登记费要记入当期的“管理费用”科目。（ ）

12. 专门用于生产某产品的无形资产，其所包含的经济利益通过所生产的产品实现的，该无形资产的摊销额应计入产品成本。（ ）

13. 使用寿命有限的无形资产，应当自达到预定用途的下月起开始摊销。（ ）

14. 固定资产折旧方法一经确定不得变更。（ ）

15. 企业对经营租入的固定资产和融资租入的固定资产均按照自有资产对其计提折旧。（ ）

16. 正常报废和非正常报废的固定资产均通过“固定资产清理”账户核算。（ ）

四、业务题

甲公司为增值税一般纳税人，自行研究开发一项专利技术，与该项专利技术有关的资料如下：

（1）2018 年 1 月，该项研发活动进入开发阶段，以银行存款支付的开发费用 280 万元，其中满足资本化条件的为 150 万元。2018 年 7 月 1 日，开发活动结束，并按法律程序申请取得专利权，供企业行政管理部门使用。

（2）该项专利权法律规定有效期为 5 年，采用直线法摊销。

（3）2018 年 12 月 1 日，将该项专利权转让，实际取得价款为 160 万元，应交增值税 9 万元，款项已存入银行。

要求：

（1）编制甲公司发生开发支出的会计分录。

（2）编制甲公司转销费用化开发支出的会计分录。

（3）编制甲公司形成专利权的会计分录。

（4）计算甲公司 2018 年 7 月专利权摊销金额并编制会计分录。

（5）编制甲公司转让专利权的会计分录。

（会计分录涉及的账户要求写出明细账户，答案中的金额单位用万元表示）

五、不定项选择题（请在下列选项中选择一个或多个正确答案并填在括号中）

A 公司为增值税一般纳税人，发生的有关固定资产业务如下：

（1）2017 年 12 月 20 日，A 公司从 B 公司一次购进三台不同型号且具有不同生产能力的 X 设备、Y 设备和 Z 设备，共支付价款 3,000 万元，增值税额 510 万元，包装费 10 万元，运杂费 20 万元，差旅费等相关费用 5 万元。另外支付 X 设备安装费 10 万元，Y、Z 设备不需要安装。X 设备在安装过程中，领用原材料 20 万元，相应的增值税进项税额为3.4万元，支付职工薪酬5万元，全部款项已由银行存款支付。

（2）2017年12月31日三台设备均达到预定可使用状态，三台设备的公允价值分别为2,000万元、600万元和430万元。该公司按每台设备公允价值的比例对支付的价款进行分配，并分别确定其入账价值。

（3）X设备预计使用年限20年，预计净残值率为2%，采用直线法计提折旧。Y设备预计使用年限10年，预计净残值率为3%，采用双倍余额递减法计提折旧。Z设备预计使用年限5年，预计净残值率为4%，使用年数总和法计提折旧。

（4）2018年度，支付生产车间、管理部门和销售部门日常维修费用分别为12万元、5万元和3万元。

要求：根据上述资料，不考虑其他因素，分析回答下列问题。

（1）根据资料（1）、（2），下列各项中，关于固定资产取得时的会计处理表述正确的是（　　）。

A. 应按各项固定资产公允价值的比例对总成本进行分配，分别确定各项固定资产的成本

B. 固定资产取得成本与其公允价值差额应计入营业外支出科目

C. 差旅费应计入固定资产的取得成本

D. 购买价款、包装费和运杂费应计入固定资产的取得成本

（2）根据资料（1）、（2），下列各项中，计算结果正确的是（　　）。

A. X设备的入账价值为2,000万元

B. Y设备的入账价值为600万元

C. Z设备的入账价值为430万元

D. 三项固定资产的总成本为3,030万元

（3）根据资料（1）、（2），固定资产购置业务引起下列科目增减变动正确的是（　　）。

A. “银行存款”减少3,560万元

B. “管理费用”增加5万元

C. “管理费用”增加35万元

D. “应交税费——应交增值税（进项税额转出）”增加3.4万元

（4）根据资料（3），下列各项中，关于A公司固定资产折旧表述正确的是（　　）。

A. X设备2018年度应计提折旧额为99.72万元

B. Y设备2018年度应计提折旧额为97万元

C. Z设备2018年度应计提折旧额为137.6万元

D. Z设备计提前3年折旧额时不需要考虑净残值的影响

（5）根据资料（4），A公司支付设备日常维修费引起下列科目变动正确的是（　　）。

A.“固定资产”增加20万　　B.“管理费用”增加5万
C.“制造费用”增加12万　　D.“销售费用”增加3万

知识练习Ⅱ

一、单项选择题（请在下列选项中选择一个正确答案并填在括号中）

1. 无形资产的摊销，一般不应计入（　　）。
A. 其他业务成本　B. 长期待摊费用　C. 制造费用　D. 管理费用

2. 某企业研发一项新技术，该企业在此项研究过程中支付调研费3万元，支付人工费4万元。在开发过程中支付材料费6万元，人工费3万元，其他费用5万元，并最终取得专利权。假定开发过程中发生的支出均可资本化，则该项专利权的入账价值为（　　）万元。
A. 9　B. 14　C. 16　D. 17

3. 固定资产改良过程中取得的变价收入应计入（　　）账户。
A. 营业外支出　B. 在建工程
C. 营业外收入　D. 固定资产清理

4. 对固定资产多提折旧将使企业的利润（　　）。
A. 增加　B. 减少
C. 不变　D. 上述三项都错

5. 某企业出售一项3年前取得的专利权，该专利权取得时的成本为50万元，按10年采用直线法摊销，出售时取得收入40万元，应交增值税2.3万元。不考虑其他因素，则出售该项专利时影响当期的损益为（　　）万元。
A. −10　B. −12　C. 2.7　D. 5

6. 企业购入三项没有单独标价的不需要安装的固定资产A、B、C，实际支付的价款总额为100万元。其中固定资产A的公允价值为60万元，固定资产B的公允价值为40万元，固定资产C的公允价值为20万元。固定资产A的入账价值为（　　）万元。
A. 60　B. 50　C. 100　D. 120

7. 企业自行开发无形资产的研发支出，在实际发生时计入（　　）账户。
A. 无形资产　B. 管理费用　C. 研发支出　D. 累计摊销

8. 企业摊销管理用的无形资产时，借记“管理费用”账户，贷记的账户是（　　）。
A. 无形资产　B. 累计摊销
C. 无形资产减值准备　D. 累计折旧

9. 下列各项中，不会引起一项无形资产账面价值发生增减变动的是（　　）。
A. 对无形资产计提减值准备　B. 取得无形资产使用权转让费
C. 摊销无形资产　D. 转让无形资产所有权

10. 下列各项中，不属于企业无形资产的是（　　）。

A. 专利权　B. 商标权　C. 土地使用权　D. 商誉

11. 企业出售无形资产取得的净收益，应当计入（　　）。

A. 主营业务收入　B. 其他业务收入　C. 投资收益　D. 营业外收入

12. 2017 年 8 月 1 日，某企业开始研究开发一项新技术，当月共发生研发支出 800 万元。其中，费用化的金额 650 元，符合资本化条件的金额 150 万元。8 月末，研发活动完成。该企业 2017 年 8 月应计入无形资产成本的金额为（　　）万元。

A. 0　B. 150　C. 650　D. 80

13. 下列各项固定资产中，不应计提折旧的有（　　）。

A. 日常修理停用的固定资产　B. 经营租入的固定资产

C. 季节性停用的固定资产　D. 未使用的机器设备

14. A 公司对一座办公楼进行更新改造，该办公楼原值为 1,000 万元，已计提折旧 500 万元。更新改造过程中发生支出 600 万元，被替换部分账面价值为 50 万元，出售价款为 2 万元。假定不考虑相关税费，则新办公楼的入账价值为（　　）万元。

A. 1,100　B. 1,050　C. 1,048　D. 1,052

15. A 公司转让一台旧设备，取得价款 105 万元，发生清理费用 2 万元。该设备原值为 160 万元，已提折旧 50 万元。假定不考虑其他因素，出售该设备影响当期损益的金额为（　　）万元。

A. 4　B. 6　C. 55　D. –7

16. 甲公司属于增值税一般纳税人，2017 年 11 月购入工程物资一批，用于厂房的建设，支付价款 100 万元，增值税额 17 万元，对方代垫运杂费 5 万元，则甲公司在建工程的入账价值是（　　）。

A. 122　B. 117　C. 105　D. 100

二、多项选择题（请在下列选项中选择多个正确答案并填在括号中）

1. 下列各项业务中，通过“在建工程”账户核算的有（　　）。

A. 不需安装的固定资产　B. 需要安装的固定资产

C. 固定资产的改扩建　D. 固定资产的修理费

2. 关于无形资产摊销的下列说法中，正确的有（　　）。

A. 使用寿命有限的无形资产，其应摊销金额应当在使用寿命内系统合理摊销

B. 企业摊销无形资产，应当自无形资产可供使用当月起开始摊销，处置当月不再摊销

C. 无形资产摊销年限不超过 10 年

D. 使用寿命不确定的无形资产不应摊销

3. 下列固定资产中应计提折旧的有（　　）。

A. 季节性停用的机器设备　B. 使用期限已满，继续使用的设备

C. 未使用的机器设备　　　　　　D. 未使用的房屋及建筑物

4. 固定资产计提折旧，双倍余额递减法和年数总和法的共同点有（　　）。

A. 属于加速折旧法　　　　　　　B. 每期折旧率固定

C. 前期折旧高，后期折旧低　　　D. 不考虑净残值

5. “固定资产清理”账户的借方登记的项目有（　　）。

A. 转入清理的固定资产净值　　　B. 变价收入

C. 结转的清理净收益　　　　　　D. 结转的清理净损失

6. 通过“固定资产清理”账户核算的业务包括（　　）。

A. 固定资产报废　　　　　　　　B. 固定资产出售

C. 固定资产盘盈　　　　　　　　D. 固定资产改扩建

7. 下列各项业务中，企业应确认为无形资产的有（　　）。

A. 投资者投入的工业专有技术　　B. 购入的商标特许权

C. 企业因合并产生商誉　　　　　D. 取得的发明专利

8. 下列与固定资产购建有关的支出项目中，构成增值税一般纳税人企业固定资产价值的有（　　）。

A. 支付的安装费

B. 支付的耕地占用税

C. 进口设备的关税

D. 自营在建工程达到预定可使用状态前发生的借款利息（符合资本化条件）

9. 企业自行开发并取得的专利权发生的下列费用中，可以计入专利权入账价值的有（　　）。

A. 开发阶段耗用的材料费　　　　B. 开发阶段人员的薪酬

C. 研究阶段发生的材料费　　　　D. 研究阶段人员的人工费

10. 采用自营方式建造固定资产的情况下，下列项目中应计入固定资产取得成本的有（　　）。

A. 工程耗用原材料

B. 工程人员的工资

C. 工程领用本企业商品的实际成本

D. 企业行政管理部门为组织和管理生产经营活动而发生的管理费用

11. 下列各项中，关于固定资产折旧方法的说法正确的有（　　）。

A. 年限平均法每年计提的折旧额相等

B. 工作量法要根据固定资产实际工作量来计算折旧

C. 双倍余额递减法最后两年计提的折旧额相等

D. 年数总和法计算的折旧金额逐年递减

12. 下列选项中，属于无形资产特征的有（　　）。

A. 不具有实物形态　　　　　　　B. 具有不可辨认性

C. 具有可辨认性　　　　　　　　　　D. 属于非货币性长期资产

13. 下列各项关于资产处置的表述中，正确的有（　　）。

A. 企业在发生由于自然灾害造成的存货盘亏时，应将盘亏存货的净损失计入管理费用

B. 企业出售库存商品时，其取得的收入计入主营业务收入

C. 企业处置报废的固定资产时，取得的净收益计入其他业务收入

D. 企业对外出售固定资产时，取得的变价收入计入固定资产清理

14. 下列各项中，属于资本性支出的有（　　）。

A. 购买生产线的支出　　　　　　　B. 符合资本化条件的开发阶段支出

C. 支付在建工程人员工资　　　　　D. 购买办公用品支出

三、判断题（判断正误并在括号内填√或 ×）

1. 企业自行研发无形资产中，研究阶段的支出应费用化，计入当期损益。（　　）

2. 无形资产在摊销时，当月使用的无形资产当月不进行摊销，下月起开始摊销。（　　）

3. 以经营租赁方式租出的固定资产，应由出租方计提该项固定资产折旧。（　　）

4. 无论无形资产使用寿命是否有限，均应进行摊销。（　　）

5. 企业出售无形资产，应当按照取得的款项确认营业外收入，同时确认出售无形资产的相关费用，并结转无形资产的摊余价值。（　　）

6. 已达到预定可使用状态尚未办理移交手续的固定资产，可先按估计价值入账，待确定实际价值后，再行调整。（　　）

7. 企业在计提固定资产折旧时，对于当月增加的固定资产当月照提折旧，当月减少的固定资产当月不提折旧。（　　）

8. 企业转让无形资产使用权形成的净损失应计入营业外收入。（　　）

9. 固定资产出售、报废、毁损的净损失，应转入营业外支出。（　　）

10. 固定资产折旧方法的选择只影响累计折旧金额，并不会影响企业损益。（　　）

11. 按年数总和法计提的折旧额，一直都大于按照直线法计提的折旧额。（　　）

12. 盘盈的固定资产，通过“待处理财产损溢”科目核算。（　　）

13. 生产车间使用的固定资产发生的日常修理费用，计入“制造费用”科目。（　　）

14. 无形资产包含单独计价入账的土地和土地使用权。（　　）

15. 企业发生的与专设销售机构相关的固定资产修理费用属于期间费用。（　　）

四、业务题

甲企业为增值税一般纳税人，增值税税率为 17%。2018 年发生固定资产业务如下：

（1）1 月 20 日，企业管理部门购入一台不需安装的 A 设备，取得的增值税专

用发票上注明的设备价款为648万元，增值税为110.16万元，款项均以银行存款支付。

（2）A设备经过调试后，于1月22日投入使用，预计使用10年，净残值为35万元，决定采用双倍余额递减法计提折旧。

（3）7月15日，企业生产车间购入一台需要安装的B设备，取得的增值税专用发票上注明的设备价款为702万元，增值税为119.34万元，另发生保险费8万元，款项均以银行存款支付。

（4）8月19日，将B设备投入安装，以银行存款支付安装费3万元。B设备于8月25日达到预定使用状态，并投入使用。

（5）B设备采用工作量法计提折旧，预计净残值为35.65万元，预计总工时为5万小时。9月，B设备实际使用工时为720小时。

假定上述资料外，不考虑其他因素。要求：

（1）编制甲企业2018年1月20日购入A设备的会计分录。

（2）计算甲企业2018年2月A设备的折旧额并编制会计分录。

（3）编制甲企业2018年7月15日购入B设备的会计分录。

（4）编制甲企业2018年8月安装B设备及其投入使用的会计分录。

（5）计算甲企业2018年9月B设备的折旧额并编制会计分录。

（答案中的金额单位用万元表示）

五、不定项选择题（请在下列选项中选择一个或多个正确答案并填在括号中）

甲公司为增值税一般纳税人，适用的增值税税率为17%。2017年度至2018年度发生有关业务资料如下：

（1）2017年1月1日，甲公司为自行建造一条生产线从银行取得借款500万元，期限为3年，合同年利率为6%（合同利率与实际利率一致），不计复利，到期一次还本付息，所借款项存入银行。

（2）2017年1月1日，开始建造生产线，当日用专项借款购入工程物资500万元，以自有资金支付增值税税额85万元，全部用于工程建设。施工期间，工程领用本企业生产水泥的实际成本为80万元，另支付工程人员工资70万元，其他费用18万元。

（3）2017年12月31日，生产线工程完工，达到预定可使用状态。该生产线达到预定可使用状态前发生的借款利息全部资本化。该生产线预计使用年限为20年，预计净残值为2万元，采用双倍余额递减法计提折旧。

（4）2018年2月11日，该生产线因火灾（自然灾害原因）毁损，其账面价值为692万元，残料作价5万元验收入库。以银行存款支付清理费用3万元。经保险公司核定，应赔偿损失400万元，赔款尚未收到。

要求：根据上述资料，不考虑其他相关因素，分析回答下列问题。

（1）根据资料（1）至（3），下列各项中，甲公司取得借款的会计处理正确的是（　　）。

A. 2017年12月31日计提借款利息时，应贷记“长期借款——应计利息”30万元

B. 2017年12月31日计提借款利息时，应借记“财务费用”30万元

C. 2017年12月31日计提借款利息时，应借记“在建工程”30万元

D. 2017年1月1日取得借款时，应贷记“长期借款——本金”500万元

（2）根据资料（2），下列各项中，甲公司会计处理正确的是（　　）。

A. 分配工程人员薪酬时：

借：在建工程　70

　贷：应付职工薪酬　70

B. 购入工程物资时：

借：工程物资　500

　应交税费——应交增值税（进项税额）　85

　贷：银行存款　585

C. 工程领用本企业生产的水泥时：

借：在建工程　80

　贷：库存商品　80

D. 工程领用工程物资：

借：在建工程　585

　贷：工程物资　585

（3）根据资料（1）至（3），甲公司该生产线的入账价值是（　　）万元。

A. 668　　B. 698　　C. 783　　D. 753

（4）根据资料（3），下列各项中，关于该生产线折旧的表述正确的是（　　）。

A. 该生产线的年折旧率为5%

B. 该生产线应当自2017年12月起计提折旧

C. 该生产线应当自2018年1月起计提折旧

D. 该生产线的年折旧率为10%

（5）根据资料（4），下列各项中，关于固定资产毁损的会计处理正确的是（　　）。

A. 残料入库时，借记“原材料”5万元

B. 确定应由保险公司赔偿的损失，借记“应收账款”400万元

C. 将毁损的生产线转入清理时，借记“固定资产清理”692万元

D. 结转毁损生产线净损失时，借记“营业外支出——非常损失”290万元

项目 4　生产准备——材料采购的核算

复习指导

1. 企业材料采购活动中，会计人员首先要了解财务部与企业内外相关部门或单位所发生的关系，如图 4—1 所示，了解材料采购活动中各类单据、资料的传递过程，特别要掌握财务部在有关业务中接收或发出的单据、资料的处理方法。

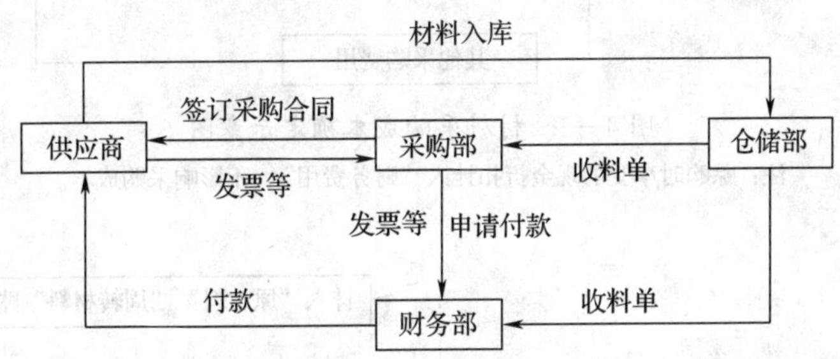

图 4—1　材料采购业务活动中财务部和企业内外部的关系

2. 材料采购核算业务的主要环节如图 4—2 所示。其中，本项目重点掌握材料采购成本、材料入库和材料采购货款结算环节的具体账务处理程序，如图 4—3 至图 4—5 所示，这是会计人员在材料采购核算中常见的业务。

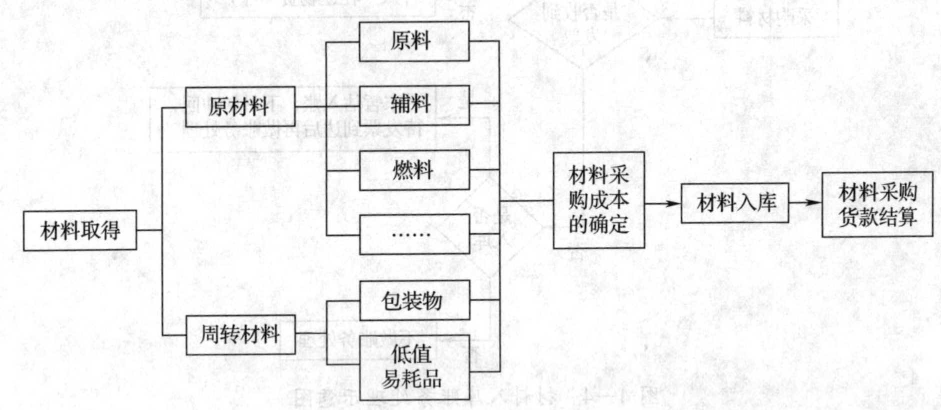

图 4—2　生产准备——材料采购核算业务环节总括图

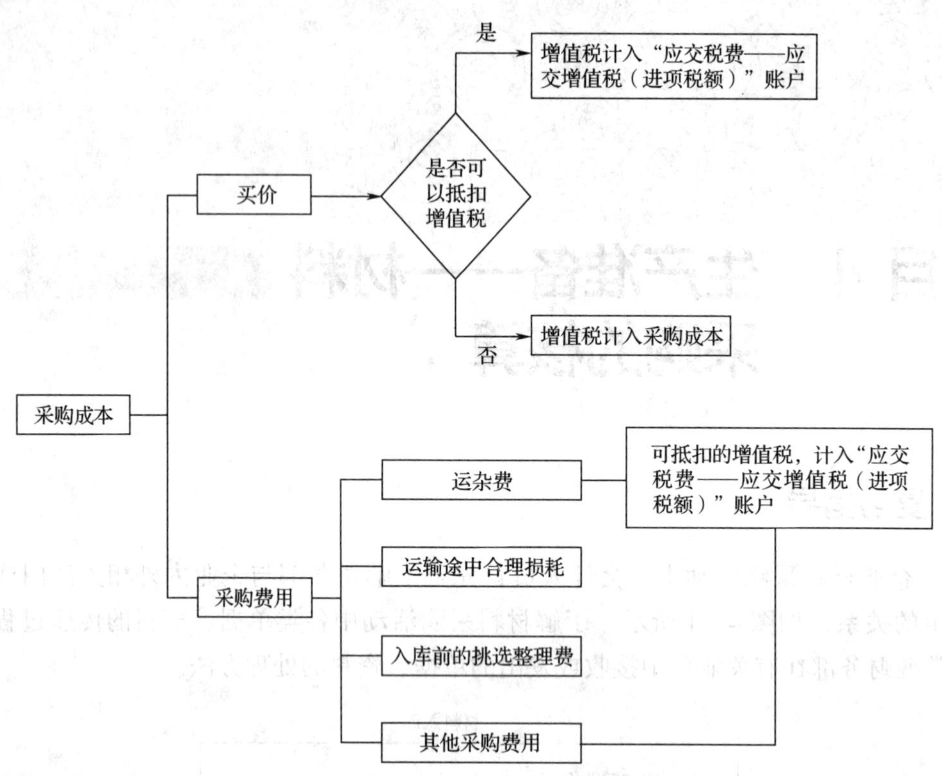

图 4—3　材料采购成本确定示意图

注：赊购时享受的现金折扣计入“财务费用”，不影响采购成本。

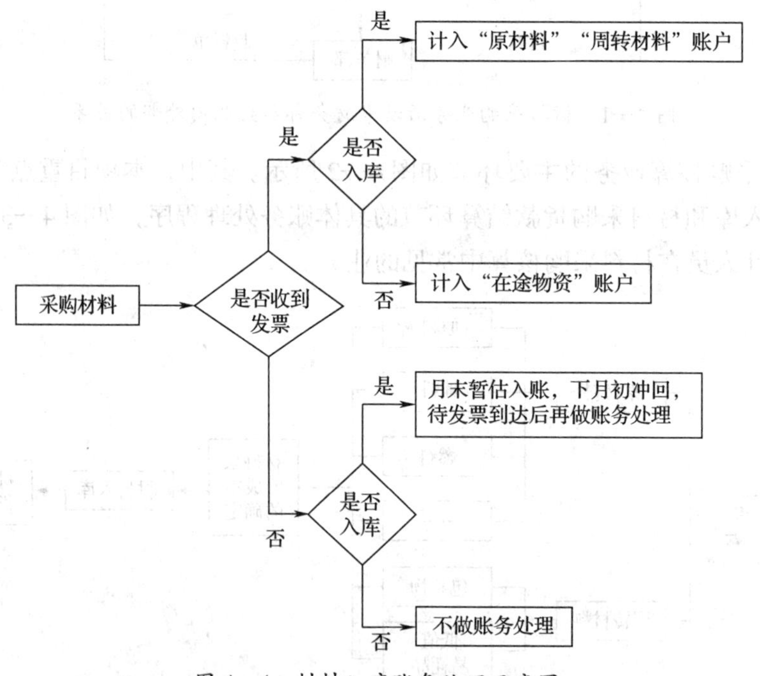

图 4—4　材料入库账务处理示意图

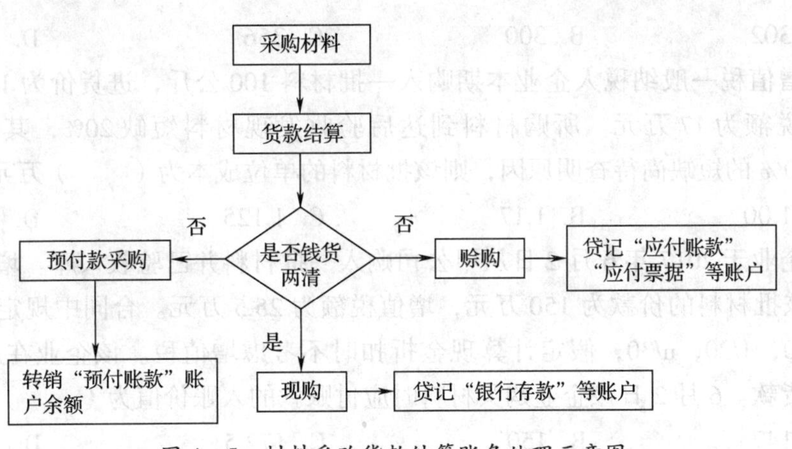

图 4—5 材料采购货款结算账务处理示意图

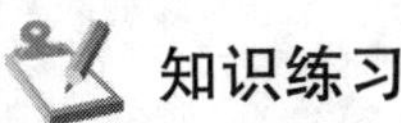

知识练习

一、单项选择题（请在下列选项中选择一个正确答案并填在括号中）

1. 下列费用中，一般不计入外购存货成本的是（ ）。

A. 按规定可以抵扣的增值税　　B. 保险费

C. 入库前的挑选整理费　　D. 进口关税

2. 下列项目不能作为增值税进项税额进行抵扣的是（ ）。

A. 销售方销售商品时代垫运费专用发票中的增值税

B. 采购材料取得运费专用发票中的增值税

C. 销售商品取得运费专用发票中的增值税

D. 增值税专用发票中的进项税额

3. 某企业（一般纳税人）从外地购进丙材料一批，取得的增值税专用发票上注明原材料价款为 30,000 元，增值税为 5,100 元，另外支付运费取得的增值税专用发票上注明的运费金额为 1,300 元，增值税为 143 元，则该批材料的采购成本是（ ）元。

A. 31,300　　B. 31,230　　C. 30,000　　D. 36,400

4. 某企业为增值税小规模纳税企业。该企业购入甲材料 600 公斤，每公斤含税单价为 50 元，发生运杂费 2,000 元，运输途中发生合理损耗 10 公斤，入库前发生挑选整理费用 200 元，则该批甲材料的入账价值为（ ）元。

A. 30,000　　B. 31,500　　C. 32,200　　D. 31,700

5. 某工业企业为增值税一般纳税人，2017 年 4 月购入 A 材料 1,000 公斤，增值税专用发票上注明的买价为 300 万元，增值税税额为 51 万元，对方代垫运杂费和保险费 3 万元（不考虑增值税），该批材料在运输途中发生 1% 的合理损耗，实际验收入库 990 公斤，在入库前发生挑选整理费用 2 万元，则该批入库 A 材料的实际总成本为（ ）万元。

A. 302　　B. 300　　C. 356　　D. 305

6. 某增值税一般纳税人企业本期购入一批材料 100 公斤，进货价为 100 万元，增值税进项税额为 17 万元。所购材料到达后验收发现材料短缺 20%，其中合理损失 10%，另 10% 的短缺尚待查明原因，则该批材料的单位成本为（　　）万元 / 公斤。

A. 1.00　　B. 1.17　　C. 1.125　　D. 1.25

7. 某企业于 2017 年 6 月 2 日从甲公司购入一批材料并已验收入库。增值税专用发票上注明该批材料的价款为 150 万元，增值税额为 25.5 万元。合同中规定的现金折扣条件为 2/10，1/20，n/30，假定计算现金折扣时不考虑增值税。该企业在 2017 年 6 月 11 日付清货款。6 月 2 日该企业购买材料时应付账款的入账价值为（　　）万元。

A. 147　　B. 150　　C. 172.5　　D. 175.5

8. 企业开出并承兑的商业承兑汇票到期无力支付时，正确的会计处理是将该应付票据（　　）。

A. 转作短期借款　　B. 转作应付账款

C. 转作其他应付款　　D. 仅做备查登记

9. 某企业赊购材料一批，材料标价 10,000 元，商业折扣 20%，增值税率为 17%，现金折扣条件为 2/10，n/20，则应付账款的入账金额为（　　）元。

A. 9,560　　B. 9,360　　C. 11,700　　D. 11,900

10. 某企业于 2017 年 3 月 2 日，从 A 公司购入一批材料并已验收入库。增值税专用发票上列明，该批材料的价款为 100 万元，增值税额为 17 万元。合同中规定的现金折扣条件为：2/10，1/20，n/30。假定计算现金折扣时不考虑增值税，该企业在 2017 年 3 月 21 日付清货款时，应享受的现金折扣的金额应为（　　）万元。

A. 1.17　　B. 1.00　　C. 1.12　　D. 1.35

11. 设置"预付账款"账户的企业，在收到货物后需补付货款时，应编制（　　）会计分录。

A. 借：预付账款
　　　原材料
　　贷：银行存款

B. 借：原材料
　　贷：预付账款

C. 借：原材料
　　贷：预付账款
　　　　银行存款

D. 借：预付账款
　　贷：银行存款

12. 外购材料验收入库时，属于外部运输部门责任造成的损毁或短缺，应计入（　　）账户。

A. 管理费用　　B. 其他应收款

C. 营业外支出　　D. 销售费用

13. 存货的归属以（　　）为划分标准。

A. 法定产权　　B. 经济用途　　C. 存放地点　　D. 交货时间

14. 下列各项物品中不属于企业存货的有（　　）。

A. 自制半成品　　B. 委托加工物资　　C. 工程物资　　D. 在途物资

15. 下列选项中属于企业存货的是（　　）。

A. 库存待售的存货　　B. 约定未来购入的存货

C. 为在建工程购入的工程物资　　D. 受托代销的存货

16. 下列各项与存货相关的费用中，不应计入存货成本的是（　　）。

A. 材料采购过程中支付的保险费　　B. 材料入库后发生的储存费用

C. 材料入库前发生的挑选整理费　　D. 材料采购过程中发生的装卸费用

二、多项选择题（请在下列选项中选择多个正确答案并填在括号中）

1. 下列各项目中，属于企业存货的是（　　）。

A. 已经购入但未存放在本企业的货物

B. 已售出但货物尚未运离本企业的存货

C. 已经运离企业但尚未售出的存货

D. 未购入但存放在企业的存货

2. 工业企业外购存货的采购成本包括（　　）。

A. 不能抵扣的增值税税额

B. 运输途中的合理损耗

C. 采购人员的差旅费

D. 进口关税

3. 下列各项目中，属于低值易耗品的是（　　）。

A. 专用工具　　B. 包装材料

C. 不对外出租和出借的包装物　　D. 劳保用品

4. 下列事项中，不在“周转材料——包装物”账户核算的有（　　）。

A. 用于工程项目的包装物

B. 用于包装本企业产品，并对外出售的包装物

C. 用于包装本企业产品，并对外出租、出借的包装物

D. 用于存储和保管商品、材料而不对外出售和出租的包装物

5. 下列项目中，应计入材料成本的税金有（　　）。

A. 支付的进口材料的关税

B. 支付的购进材料的消费税

C. 小规模纳税人购入材料支付的增值税

D. 一般纳税人购入材料取得增值税专用发票中的增值税

6. 下列各项中，应作为原材料进行核算和管理的有（　　）。

A. 原料及主要材料　　B. 库存商品

C. 工程物资　　　　　　　　　　　　　　D. 包装材料

7. 关于“预付账款”账户，下列说法正确的有（　　）。

A.“预付账款”属于负债性质的账户

B. 预付货款不多的企业，可以不单独设置“预付账款”账户，将预付的货款记入“应付账款”账户的借方

C.“预付账款”账户贷方余额反映的是应付供应单位的款项

D.“预付账款”账户核算企业因销售业务产生的往来款项

三、判断题（判断正误并在括号内填√或 ×）

1. 企业采购材料途中的合理损耗，只提高了材料的实际总成本，材料单位实际成本不变。（　　）

2. 企业单独列作商品、产品的自制包装物，不属于库存商品核算的范围。（　　）

3. 材料采用计划成本核算时，原材料账户中材料的收发及结存，无论总分类核算还是明细分类核算，均按照计划成本计价。（　　）

4. 企业采购材料，享受的现金折扣，应冲减材料的采购成本。（　　）

5. 企业的低值易耗品可以参加多次生产周转而不改变其原有的实物形态，所以应列为固定资产进行管理和核算。（　　）

6. 法定产权属于企业所有的，为销售或生产耗用而储存的物资，不管其存放地点如何，都是企业的存货。（　　）

7. 小规模纳税人企业采购取得增值税专用发票，可以进行进项税额抵扣。（　　）

8. 企业外购存货按合同规定向供应单位预付一部分货款时，应按预付金额借记“材料采购”账户，贷记“银行存款”账户。（　　）

四、业务题

1. 甲企业为增值税一般纳税人，增值税税率为17%。原材料采用实际成本核算。2018年1月，与A材料相关的资料如下：

（1）1日，“原材料——A材料”账户余额20,000元（共2,000公斤，其中含上年末验收入库，但因发票账单未到而以2,000元暂估入账的A材料200公斤）。

（2）5日，收到上年末以暂估价入库A材料的发票账单，货款1,800元，增值税额306元，对方代垫运输费的增值税专用发票中运费400元、增值税40元，全部款项已用转账支票付讫。

（3）8日，以汇兑结算方式购入A材料3,000公斤，发票账单已收到，货款36,000元，增值税额6,120元；对方代垫运输费用1,110元，其中运费金额1,000元，增值税110元。材料尚未到达，款项已由银行存款支付。

（4）11日，收到8日采购的A材料，验收时发现只有2,950公斤。经检查，短缺的50公斤确定为运输途中的合理损耗，A材料验收入库。

（5）18 日，持银行汇票 80,000 元购入 A 材料 5,000 公斤，增值税专用发票上注明的货款为 49,500 元，增值税额为 8,415 元；另支付运输费用 2,220 元，其中运费金额 2,000 元，增值税 220 元；材料已验收入库，多余款项退回并存入银行。

（6）23 日，向丙企业采购 A 材料，开出转账支票一张，预付材料款 100,000 元。

（7）30 日，收到丙企业的 A 材料及有关结算单据，材料价款为 100,000 元，增值税为 17,000 元，材料已验收入库。同时开出商业承兑汇票一张，补付材料款 17,000 元。

根据上述资料，编制甲企业 1 月份与 A 材料有关的会计分录。（“应交税费”账户要求写出明细账户和专栏名称）

2. 甲企业于 2017 年 7 月 4 日从 A 公司购入一批甲材料并已验收入库。增值税专用发票上注明该批甲材料的价款为 50 万元，增值税额为 8.5 万元。合同中规定的现金折扣条件为 2/10，1/20，n/30，假定计算现金折扣时不考虑增值税。该企业在 2017 年 7 月 21 日付清货款。

要求：编制该企业的相关会计分录。

五、不定项选择题（请在下列选项中选择一个或多个正确答案并填在括号中）

甲企业为增值税一般纳税人，适用的增值税税率为 17%。2017 年 6 月初，该企业“银行存款”科目余额为 300,000 元，“原材料”科目余额为 30,000 元，6 月份发生如下经济业务：

（1）5 日，从乙公司购入材料 5,000 千克，增值税专用发票上注明的销售价格为 90,000 元，增值税税额为 15,300 元，全部款项已用银行存款支付，材料尚未到达。

（2）8 日，从乙公司购入的材料到达，验收入库时发现短缺 50 千克，经查明，短缺为运输途中合理损耗，按实际数量入库。

（3）10 日，从丙公司购入材料 3,000 千克，增值税专用发票上注明的销售价格为 57,000 元，增值税税额为 9,690 元，材料尚未验收入库并且全部款项以银行存款支付。

（4）15 日，从丁公司购入材料 4,000 千克，增值税专用发票上注明的销售价格为 88,000 元，增值税税额为 14,960 元，材料已验收入库，款项尚未支付。

（5）26 日，从戊公司购入材料 5,000 千克，尚未收到发票，材料已验收入库，款项尚未支付。月末仍未收到发票，合同约定材料单价为每千克 20 元。

要求：根据上述资料，假定不考虑其他因素，分析回答下列问题。

（1）根据资料（1），下列各项中，甲企业的会计处理结果正确的是（　　）。

A. 原材料增加 90,000 元

B. 在途物资增加 90,000 元

C. 在途物资增加 105,300 元

D. 应交增值税的进项税额增加 15,300 元

（2）根据资料（2），2017 年度甲企业的会计处理结果正确的（　　）。

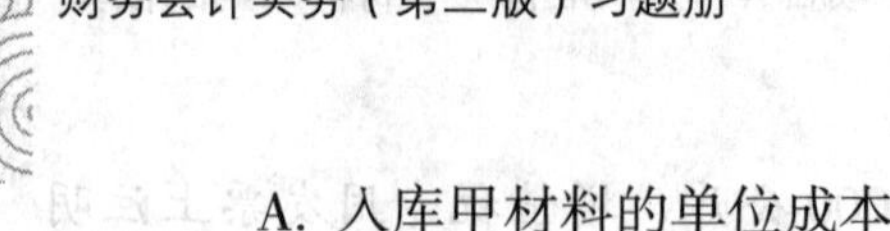

A. 入库甲材料的单位成本为 18.18 元

B. 入库甲材料的单位成本为 18 元

C. 原材料增加 89,100 元，4,950 千克

D. 原材料增加 90,000 元，4,950 千克

（3）根据材料（3），下列各项中，甲企业会计处理正确的是（　　）。

A. 借：原材料　57,000
　　贷：在途物资　57,000

B. 借：原材料　57,000
　　应交税费——应交增值税（进项税额）　9,690
　　贷：应付账款　66,690

C. 借：在途物资　57,000
　　应交税费——应交增值税（进项税额）　9,690
　　贷：银行存款　66,690

D. 借：原材料　57,000
　　应交税费——应交增值税（进项税额）　9,690
　　贷：银行存款　66,690

（4）根据材料（5），下列各项中，甲企业 6 月末会计处理正确的是（　　）。

A.“在途物资”科目的借方发生额为 100,000 元

B.“原材料”科目的借方发生额为 100,000 元

C.“应付账款”科目的贷方发生额为 100,000 元

D.“应付票据”科目的贷方发生额为 100,000 元

（5）根据期初资料和资料（1）至（5），2017 年 6 月 30 日甲企业相关会计科目期末余额计算结果正确的是（　　）。

A.“原材料”科目的借方余额为 208,000 元

B.“原材料”科目的借方余额为 308,000 元

C.“银行存款”科目的借方余额为 128,010 元

D.“银行存款”科目的借方余额为 194,700 元

项目 5 生产过程的核算

复习指导

1. 企业生产过程核算中，会计人员首先要了解财务部与企业各部门所发生的关系，如图 5—1 所示，了解生产活动中各类单据、资料的传递过程，特别要掌握财务部在有关业务中接收的单据、资料的处理方法。

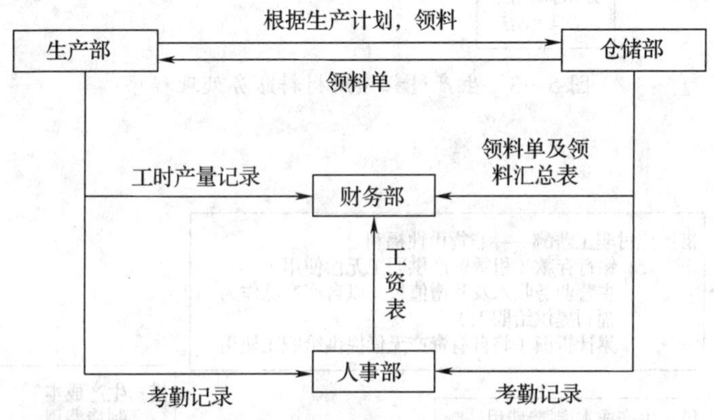

图 5—1 生产准备业务活动中财务部和企业各部门的关系

2. 生产过程核算的主要业务环节如图 5—2 所示。其中，本项目重点掌握生产过程领用材料、职工薪酬和制造费用三大项的具体账务处理程序，如图 5—3 至图 5—5 所示，这是会计人员在生产过程核算中常见的业务。

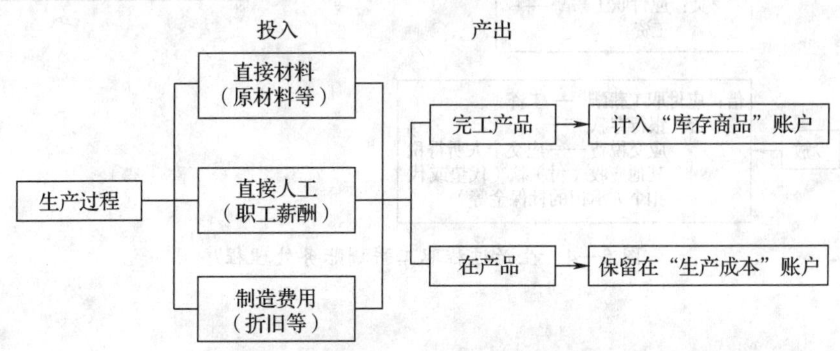

图 5—2 生产过程核算业务环节总括图

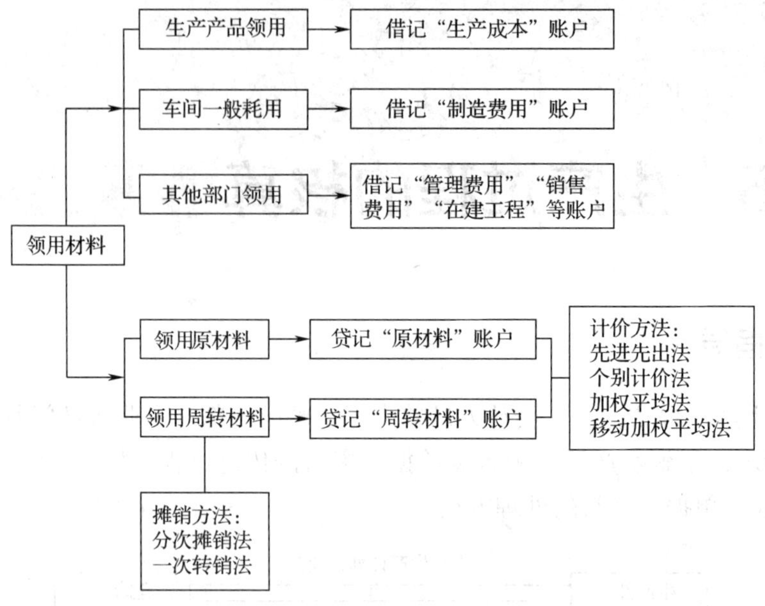

图 5—3　生产过程领用材料账务处理程序

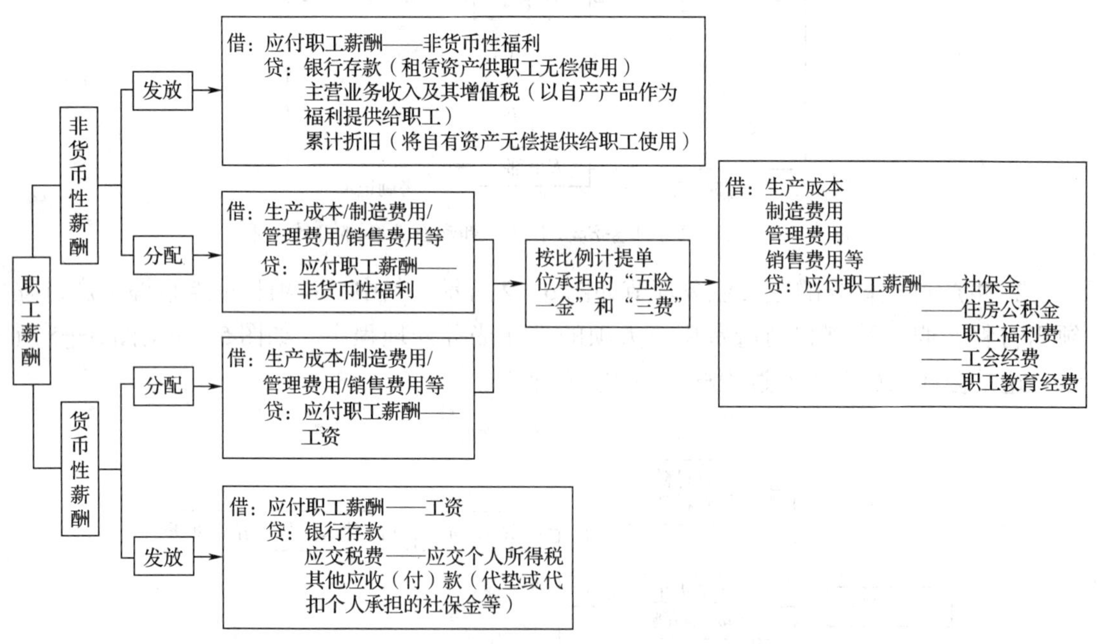

图 5—4　生产过程职工薪酬账务处理程序

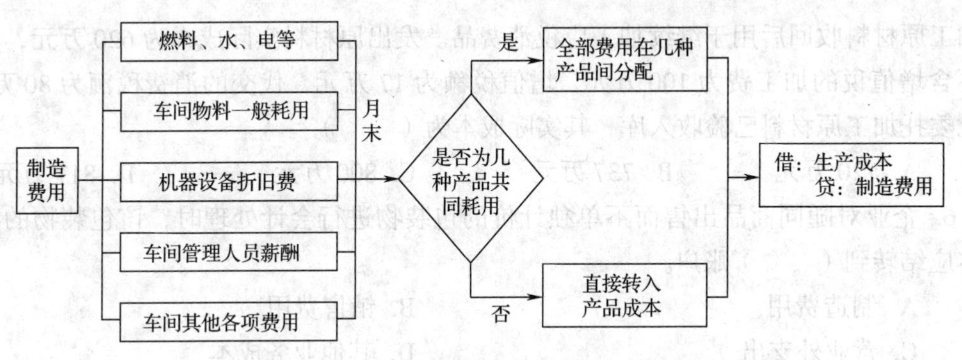

图 5—5 生产过程制造费用账务处理程序

知识练习

知识练习 I

一、单项选择题（请在下列选项中选择一个正确答案并填在括号中）

1. 甲公司按先进先出法计算材料的发出成本。2018 年 3 月 1 日结存 A 材料 100 公斤，每公斤实际成本 100 元。本月发生有关业务如下：

（1）3 日，购入 A 材料 50 公斤，每公斤实际成本 105 元，材料已验收入库。

（2）5 日，发出 A 材料 80 公斤。

（3）20 日，购入 A 材料 80 公斤，每公斤实际成本 110 元，材料已验收入库。

（4）25 日，发出 A 材料 30 公斤。

则 A 材料期末结存的成本为（　　）。

A. 12,500　　B. 13,000　　C. 13,500　　D. 12,547.30

2. 应交消费税的委托加工物资收回后用于连续生产应税消费品的，按规定准予抵扣的由受托方代扣代交的消费税，应当记入（　　）。

A. 生产成本　　B. 应交税费

C. 主营业务成本　　D. 委托加工物资

3. 下列各项，应当计入工业企业产品成本的是（　　）。

A. 销售费用　　B. 管理费用　　C. 财务费用　　D. 制造费用

4. 某企业只生产一种产品。2018 年 4 月 1 日期初在产品成本 3.5 万元；4 月份发生如下费用：生产领用材料 6 万元，生产工人工资 2 万元，制造费用 1 万元，管理费用 1.5 万元，广告费 0.8 万元；月末在产品成本 3 万元。该企业 4 月份完工产品的生产成本为（　　）万元。

A. 8.3　　B. 9　　C. 9.5　　D. 11.8

5. 甲公司为增值税一般纳税人，适用的增值税税率为 17%。甲公司委托乙公司（增值税一般纳税人）代为加工一批属于应税消费品的原材料（非金银首饰），该批委托加工原材料收回后用于继续加工应税消费品。发出原材料实际成本为620万元，支付的不含增值税的加工费为100万元，增值税额为17万元，代交的消费税额为80万元。该批委托加工原材料已验收入库，其实际成本为（　　）。

A. 720万元　　B. 737万元　　C. 800万元　　D. 817万元

6. 企业对随同商品出售而不单独计价的包装物进行会计处理时，该包装物的实际成本应结转到（　　）账户。

A. 制造费用　　B. 销售费用
C. 营业外支出　　D. 其他业务成本

7. 在物价持续上涨情况下，能使企业当期利润最大化的方法是（　　）。

A. 加权平均法　　B. 先进先出法
C. 个别计价法　　D. 移动加权平均法

8. 企业从应付职工薪酬中代扣的个人所得税，应贷记的会计账户是（　　）。

A. 应付职工薪酬　　B. 银行存款　　C. 其他应收款　　D. 应交税费

9. 某企业对原材料发出采用月末一次加权平均法核算。月初库存材料100件，每件为80元，月中又购进两批，一次150件，每件75元，另一次250件，每件85元，则月末该材料的加权平均单价为（　　）元。

A. 81　　B. 72.50　　C. 75　　D. 85

10. 企业收取包装物押金及其他各种暂收款项时，应贷记（　　）账户。

A. 营业外收入　　B. 其他业务收入　　C. 其他应付款　　D. 其他应收款

11. 对于报废出租包装物的残料价值，应借记“原材料”科目，贷记（　　）账户。

A. 主营业务收入　　B. 其他业务收入　　C. 其他业务成本　　D. 销售费用

12. 某企业采用月末一次加权平均计算发出原材料的成本。2017年8月1日，甲材料结存200公斤，每公斤实际成本为10元；8月10日购入甲材料300千克，每公斤实际成本为11元；8月25日发出甲材料400千克。8月末发出甲材料成本为（　　）元。

A. 4,000　　B. 4,400　　C. 4,200　　D. 4,240

13. 下列各项，不应通过“其他应收款”科目核算的是（　　）。

A. 租入包装物支付的押金　　B. 为职工垫付的房租
C. 应收的出租包装物租金　　D. 收取的出租包装物押金

14. 甲公司为一家家电生产企业，共有职工200名，其中有180名为生产车间工人，20名为管理人员。2017年12月，甲公司以其生产的洗衣机给每位职工发放春节福利，洗衣机的市场售价为每台1,500元，实际成本为每台1,000元。甲公司适用的增值税税率为17%，则甲公司应确认的“应付职工薪酬”为（　　）元。

A. 251,000　　B. 300,000　　C. 351,000　　D. 200,000

15. 某企业2017年12月份发生如下事项：销售M商品的同时出售单独计价的包装物的成本为5万元，生产车间固定资产的修理费用为2万元，出借包装物的摊销额为

0.5 万元，则该企业 2017 年 12 月份应计入其他业务成本的金额为（　　）万元。

A. 8.5　　B. 5　　C. 8　　D. 6.5

16. 某企业月初结存材料的计划成本为 250 万元，材料成本差异为超支 45 万元；当月入库材料的计划成本为 550 万元，材料成本差异为节约 85 万元；当月生产车间领用材料的计划成本为 600 万元。当月生产车间领用材料的实际成本为（　　）万元。

A. 502.5　　B. 570　　C. 630　　D. 697.5

17. 企业月初“原材料”账户借方余额 24,000 元，本月购入原材料的计划成本为 176,000 元，本月发出原材料的计划成本为 150,000 元，“材料成本差异”月初贷方余额 300 元，本月购入材料的超支差 4,300 元，则本月发出材料应负担的材料成本差异为（　　）元。

A. −3,000　　B. 3,000　　C. −3,450　　D. 3,450

18. 某企业材料采用计划成本法核算。月初结存材料计划成本为 30 万元，材料成本差异为节约 2 万元。当月购入材料一批，实际成本 110 万元，计划成本 120 万元，领用材料的计划成本为 100 万元。该企业当月月末结存材料的实际成本为（　　）万元。

A. 48　　B. 50　　C. 62　　D. 46

二、多项选择题（请在下列选项中选择多个正确答案并填在括号中）

1. 下列各项中，增值税一般纳税企业不需要计入收回委托加工物资成本的有（　　）。

A. 随同加工费支付的增值税

B. 支付的加工费

C. 支付的收回后继续加工的委托加工物资的消费税

D. 支付的收回后直接销售的委托加工物资的消费税

2. 下列各项中，最终应计入产品生产成本的有（　　）。

A. 生产工人工资　　B. 生产产品耗用的材料费用

C. 生产设备的折旧费　　D. 业务招待费

3. 下列项目中，属于职工薪酬的有（　　）。

A. 工伤保险费　　B. 非货币性福利

C. 职工津贴和补贴　　D. 因解除与职工的劳动关系给予的补偿

4. 以职工工资总额为基数计提的项目有（　　）。

A. 职工教育经费　　B. 工会经费

C. 社会保险费　　D. 城市维护建设税

5. 职工福利费可以用于（　　）。

A. 支付职工的医药费　　B. 代付个人所得税

C. 支付医护人员的工资　　D. 发放职工生活困难补助

6. 下列各项中，应当计入制造费用的有（　　）。

A. 生产车间设备租赁费　　B. 生产工人劳动保护费

C. 生产车间财产保险费　　D. 生产某种产品耗用直接材料

7. 下列各项中，关于存货会计处理正确表述的有（　　）。

A. 多次使用的低值易耗品，可根据使用次数和金额选择摊销方式

B. 金额较小的低值易耗品，可在领用时一次计入成本费用

C. 随同商品销售出借的包装物的摊销额，应计入管理费用

D. 随同商品出售的包装物取得的成本，应计入其他业务成本

8. 下列各项关于存货计价方法的特点的说法中正确的有（　　）。

A. 个别计价法适用于一般不能替代使用的存货、为特定项目专门购入或制造的存货

B. 先进先出法不适用于存货收发业务较多且单价不稳定的存货

C. 月末一次加权平均法比较简单，有利于简化成本计算工作

D. 移动加权平均法能够使管理层及时了解存货的结存情况，计算的存货成本比较客观

9. 下列可以在“材料成本差异”科目借方登记的有（　　）。

A. 购入材料发生的超支差异　　B. 发出材料应负担的超支差异

C. 购入材料发生的节约差异　　D. 发出材料应负担的节约差异

10. 企业在做出因解除与职工的劳动关系给予的补偿的会计处理时，通常涉及的会计科目有（　　）。

A. 管理费用　　B. 营业外支出　　C. 应付职工薪酬　　D. 其他应付款

11. 下列职工薪酬中，可以计入产品成本的有（　　）。

A. 住房公积金　　B. 非货币性福利　　C. 辞退福利　　D. 工会经费

12. 在核算生产部门人员的职工薪酬时，可能涉及的科目有（　　）。

A. 生产成本　　B. 制造费用

C. 销售费用　　D. 应付职工薪酬

13. 下列各项中，应通过“其他应付款”科目核算的有（　　）。

A. 应付租入包装物租金　　B. 为职工垫付的水电费

C. 存入保证金　　D. 存出保证金

三、判断题（判断正误并在括号内填√或 ×）

1. 应计入产品成本，但不能分清应由何种产品负担的费用，应直接计入当期损益。（　　）

2. 企业包括在工资总额内的各种工资、奖金、津贴，不论是否在当月支付，一般均应通过“应付职工薪酬”账户核算。（　　）

3. 企业计算日工资时，如果每月按 21.75 天计算，各月内的双休日不计工资，那么缺勤期间的双休日也不扣工资。（　　）

4. 在确定发出存货实际成本的计量方法中，个别计价法是建立在成本流转与实物流转完全一致基础上的一种计量方法。（　）

5. 企业因解除与职工劳动关系给予的补偿，不属于职工薪酬的内容。（　）

6. 委托加工物资收回后，直接用于对外销售的，委托方应将缴纳的消费税计入委托加工物资的成本。（　）

7. 制造费用与管理费用不同，本期发生的管理费用直接影响本期损益，而本期发生的制造费用不一定直接影响本期的损益。（　）

8. 企业将租赁的房屋无偿提供给职工使用的，每期应付的租金应作为应付职工薪酬计入相关资产成本或者当期损益。（　）

9. 从薪酬的支付对象来看，职工薪酬包括提供给职工本人的福利，但不包括其配偶、子女或其被赡养人的福利。（　）

10. 职工因公伤赴外地就医的路费应计入管理费用，在当期损益中列支。（　）

四、业务题

1. 红旗厂为增值税一般纳税人，7 月 1 日结存 A 材料 1,000 千克，单位成本 50 元。7 月份 A 材料的收发业务如下：

（1）5 日，从外地购入 A 材料 5,000 千克，价款 235,600 元，增值税 40,052 元；运费价款 2,000 元，增值税为 220 元。A 材料验收入库时实收 4,950 千克，短缺 50 千克属定额内合理损耗。

（2）8 日，生产领用 A 材料 2,800 千克。

（3）12 日，在本市购入 A 材料 3,000 千克，价款 145,500 元，增值税 24,735 元，材料已验收入库。

（4）15 日，生产领用 A 材料 3,600 千克。

（5）20 日，从外地某公司购入 A、B 两种材料，其中 A 材料 2,500 千克，单价 45.70 元，价款 114,250 元，B 材料 2,500 千克，单价 100 元，价款 250,000 元，两种材料的增值税共为 61,922.50 元。另外，两种材料的运费共为 1,500 元，增值税为 165 元。两种材料已验收入库，运杂费按材料的重量分配。

（6）24 日，生产领用 A 材料 4,000 千克。

要求：

（1）计算各批购入 A 材料的实际总成本和单位成本。

（2）按加权平均法列式计算 7 月份 A 材料发出的实际成本和月末结存成本。

2. 某企业委托外单位加工材料一批，耗用原材料实际成本 60,000 元；以银行存款支付加工费 5,700 元，增值税 969 元（取得增值税专用发票），受托方代扣代缴消费税 7,300 元。

要求：

（1）若收回的加工材料，全部用于继续生产应税消费品时，编制相关的会计分录。

（2）若收回的加工材料，全部直接对外出售时，编制相关会计分录。

五、不定项选择题（请在下列选项中选择一个或多个正确答案并填在括号中）

乙公司为小家电类生产企业，适用的增值税税率是17%，2017年12月发生了如下与应付职工薪酬相关的事项：

（1）对生产车间的一批机器设备进行维修，应付外部维修费用是2万元。

（2）支付与公司解除劳动关系的人员一次性补偿费20万元。

（3）按工资总额标准分配本月工资费用，其中车间生产工人工资10万元，车间管理人员工资2万元，行政管理人员工资3万元，销售部门人员工资1万元。

（4）年末将自产的500台暖风机作为春节福利发放给公司每名生产职工。暖风机每台成本为600元，市场售价为每台1,000元（不含税）。

（5）本月支付采购部职工差旅费3万元。

要求：根据上述（1）至（5）资料，不考虑其他因素，回答下列问题。

（1）下列对应付职工薪酬的理解，正确的是（　　）。

A. 医疗保险属于应付职工薪酬核算范围，而以商业保险形式提供给职工的各种保险待遇不属于应付职工薪酬核算范围

B. 应付职工薪酬包括企业职工在职期间和离职后给予的所有货币性薪酬和非货币性福利

C. 职工薪酬包括提供给职工本人和其配偶、子女或其被赡养人的福利

D. 企业提供给职工的生活困难补助，应在应付职工薪酬中核算

（2）乙公司对生产车间的机器设备维修以及解除劳动关系的补偿性支出，分别应该计入的会计科目是（　　）。

A. 制造费用，营业外支出　　B. 管理费用，营业外支出

C. 都计入管理费用　　D. 都计入制造费用

（3）分配工资时，下列表述正确的是（　　）。

A. 销售部门人员的工资计入销售费用

B. 车间管理人员的工资计入管理费用

C. 应直接计入管理费用的工资费用是3万元

D. 应直接计入生产成本的工资费用是12万元

（4）年末乙公司将自产的暖风机作为春节福利发放给职工，应该计入“应付职工薪酬”的数额是（　　）元。

A. 300,000　　B. 585,000　　C. 351,000　　D. 500,000

（5）乙公司12月发生的上述业务中，应该计入“管理费用”的金额是（　　）万元。

A. 20　　B. 22　　C. 25　　D. 28

一、单项选择题（请在下列选项中选择一个正确答案并填在括号中）

1. 甲公司按月末一次加权平均法计算材料的发出成本。2018 年 3 月 1 日结存 A 材料 100 公斤，每公斤实际成本 100 元。本月发生有关业务如下：

（1）3 日，购入 A 材料 50 公斤，每公斤实际成本 105 元，材料已验收入库。

（2）5 日，发出 A 材料 80 公斤。

（3）20 日，购入 A 材料 80 公斤，每公斤实际成本 110 元，材料已验收入库。

（4）25 日，发出 A 材料 30 公斤。

则 A 材料期末结存的成本为（　　）。（保留小数点后两位小数）

A. 12,500.00　　B. 12,548.40　　C. 13,500.00　　D. 12,547.30

2. 某企业为增值税一般纳税人企业，适用的增值税税率为 17%。该企业委托其他单位（增值税一般纳税企业）加工一批属于应税消费品的原材料，该批委托加工原材料收回后直接用于销售。发出材料的成本为 18 万元，支付的不含增值税的加工费为 9 万元，支付的增值税为 1.53 万元，支付的消费税为 3 万元。该批原材料已加工完成并验收入库，则原材料成本为（　）万元。

A. 27　　B. 28　　C. 30　　D. 31.53

3. 企业对随同商品出售而单独计价的包装物进行会计处理时，该包装物的实际成本应结转到（　）账户。

A. 制造费用　　B. 销售费用

C. 营业外支出　　D. 其他业务成本

4. 企业从职工工资中代扣代缴的职工个人所得税，应借记的会计账户是（　）。

A. 其他应付款　　B. 应付职工薪酬

C. 银行存款　　D. 应交税费——应交个人所得税

5. 委托加工的应税消费品收回后直接对外销售的，由受托方代扣代缴的消费税，委托方应借记的会计账户是（　）。

A. 委托加工物资　　B. 税金及附加

C. 应交税费——应交消费税　　D. 受托加工物资

6. 下列项目中，不属于其他应付款核算范围的有（　）。

A. 应付管理人员工资　　B. 应付经营租入固定资产租金

C. 应付租入包装物租金　　D. 应付、暂收所属单位、个人的款项

7. 企业生产车间的业务招待费，应当计入（　　）。

A. 管理费用　　B. 财务费用

C. 销售费用　　D. 制造费用

8. 某工业企业 2018 年 3 月份发生的费用有：发生生产车间管理人员工资 80 万元，发生行政管理部门人员工资 60 万元，支付广告费用 40 万元，计提短期借款利息 40 万

元，支付固定资产维修费 30 万元，则应计入企业产品成本的有（　　）万元。

A. 100　　B. 140　　C. 80　　D. 250

9. 甲公司发放本月职工工资共 250,000 元，代扣该部门职工个人所得税 15,000 元，实发工资 235,000 元。该企业发放工资的会计处理中，正确的是（　　）。

A. 借：管理费用　250,000
　贷：应付职工薪酬——工资　250,000

B. 借：管理费用　15,000
　贷：应交税费——应交个人所得税　15,000

C. 借：应付职工薪酬——工资　250,000
　贷：应交税费——应交个人所得税　15,000
　　银行存款　235,000

D. 借：应付职工薪酬——工资　250,000
　贷：银行存款　250,000

10. 对于价值较低或极易损坏的低值易耗品，应采用（　　）进行摊销。

A. 个别计价法　　B. 分次摊销法　　C. 一次转销法　　D. 计划成本法

11. 低值易耗品采用“分次摊销法”核算，摊销时应通过（　　）账户进行核算。

A. 低值易耗品——在库　　B. 低值易耗品——在用

C. 低值易耗品——待用　　D. 低值易耗品——摊销

12. 某企业原材料按实际成本进行日常核算。2018 年 3 月 1 日结存甲材料 150 公斤，每公斤实际成本为 20 元；3 月 15 日购入甲材料 140 公斤，每公斤实际成本为 25 元；3 月 31 日发出甲材料 200 公斤。如按先进先出法计算 3 月份发出甲材料的实际成本，则其金额应为（　　）元。

A. 4,000　　B. 5,000　　C. 4,250　　D. 4,500

13. 甲公司 2017 年 11 月份发生的有关支出如下：计提车间固定资产折旧 10 万元，发生车间管理人员工资 40 万元，发生行政管理部门人员工资 50 万元，支付广告费用 30 万元，预提短期借款利息 20 万元，支付车间固定资产日常修理费用 10 万元，支付销售机构固定资产日常修理费用 5 万元，资本化的借款利息 10 万元，则甲公司 11 月份的期间费用总额为（　　）万元。

A. 155　　B. 105　　C. 115　　D. 125

14. 某企业 2018 年发生生产车间折旧费 60 万元，车间管理人员工资 100 万元，车间耗用水电费 25 万元，行政管理部门办公费 10 万元，则该企业当年应该计入“制造费用”科目的金额为（　　）万元。

A. 195　　B. 170　　C. 185　　D. 160

15. 2018 年甲公司支付销售人员工资 10 万元，计提专设销售机构使用房屋折旧 1 万元，支付业务招待费 5 万元，支付行政部门发生的固定资产修理费用 4.5 万元，计提固定资产减值准备 2.5 万元，计提车间固定资产折旧 3 万元，甲公司该年应确认的期间费用为（　　）万元。

A. 26　　B. 20.5　　C. 14.5　　D. 16

16. 企业为销售产品而专设的销售机构的职工工资应计入（　）。

A. 管理费用　　B. 销售费用　　C. 财务费用　　D. 制造费用

17. 月末完工产品成本和在产品成本之间的关系是（　　）。

A. 本月发生成本 = 月初在产品成本 + 本月完工产品成本 – 月末在产品成本

B. 月末在产品成本 = 本月发生成本 + 月初在产品成本 – 本月完工产品成本

C. 月末在产品成本 + 月初在产品成本 = 本月发生成本 + 本月完工产品成本

D. 月初在产品成本 + 本月完工产品成本 = 本月发生成本 + 月末在产品成本

18. 某企业月初结存材料的计划成本为 3,000 元，成本差异为超支 20 元；本月入库材料的计划成本为 7,000 元，成本差异为节约 70 元。当月生产车间领用材料的计划成本为 6,000 元。当月生产车间领用材料应负担的材料成本差异为（　）元。

A. –30　　B. 30　　C. –54　　D. 54

19. 下列属于离职后福利的是（　　）。

A. 累积带薪缺勤　　B. 医疗保险费

C. 辞退福利　　D. 退休后养老保险

二、多项选择题（请在下列选项中选择多个正确答案并填在括号中）

1. 存货发出的计价方法有（　　）。

A. 先进先出法　　B. 加权平均法　　C. 个别计价法　　D. 一次摊销法

2. 企业委托加工物资的实际成本包括（　　）。

A. 所耗用的材料实际成本　　B. 加工费用

C. 往返运输费用　　D. 支付的增值税

3. 低值易耗品的摊销方法有（　　）。

A. 直接转销法　　B. 备抵法　　C. 一次摊销法　　D. 分次摊销法

4. 期末存货计价过高，可能会引起（　　）。

A. 当期收益增加　　B. 当期收益减少

C. 所有者权益增加　　D. 销售成本增加

5. 企业分配工资费用时，可能借记的账户有（　　）。

A. 生产成本　　B. 制造费用　　C. 管理费用　　D. 财务费用

6. 属于产品生产成本项目的有（　　）。

A. 直接材料　　B. 直接人工　　C. 制造费用　　D. 销售费用

7. 下列各项中，不应计入产品成本的有（　　）。

A. 生产车间管理人员的工资　　B. 专设售后服务网点的职工薪酬

C. 支付的矿产资源补偿费　　D. 企业负担的生产职工养老保险费

8. 下列各项业务，应通过“应付职工薪酬”科目借方核算的有（　）。

A. 为职工缴纳的住房公积金　　B. 为职工缴纳的社会保险费
C. 分配职工的辞退福利　　D. 发放给职工的非货币性福利

9. 下列各项职工薪酬，应根据受益对象进行处理的是（　　）。
A. 在职人员的职工工资　　B. 与职工解除劳动关系支付的补偿
C. 离退休人员的工资、补贴　　D. 在职人员的非货币性福利

10. 下列属于职工薪酬中所说的职工的是（　　）。
A. 全职、兼职职工　　B. 董事会成员
C. 内部审计人员　　D. 劳务用工合同人员

11. 制造费用一般核算的对象有（　　）。
A. 行政管理人员的福利费　　B. 车间机器设备的折旧
C. 车间管理人员的工资　　D. 销售部门人员的工资

12. 下列各项中，应通过“应付职工薪酬——非货币性福利”科目核算的有（　　）。
A. 企业为职工免费提供医疗保健服务
B. 企业为职工代垫医药费
C. 为高级管理人员提供公寓免费使用
D. 企业将自产产品作为福利发放给职工

13. 以下属于管理费用的是（　　）。
A. 生产车间发生的固定资产修理费　　B. 利息支出
C. 聘请中介机构费　　D. 专设销售机构人员的差旅费

三、判断题（判断正误并在括号内填√或 ×）

1. 存货计价方法可在各个会计期间根据具体情况任意选择不同的计价方法。（　　）

2. 在物价上涨的情况下，采用先进先出法计算的发出存货的成本将高于采用加权平均法计算的发出存货成本。（　　）

3. 月末一次加权平均法有利于存货成本的日常管理与控制。（　　）

4. 职工薪酬，是指企业为获得职工提供的服务而给予各种形式的报酬以及其他相关支出。（　　）

5. 工会经费和职工教育经费不属于职工薪酬的范围，不通过“应付职工薪酬”账户核算。（　　）

6. 企业生产工人的医疗保险费、养老保险费、失业保险费、工伤保险费等社会保险费应计入当期管理费用。（　　）

7. 职工薪酬中的非货币性福利应当根据职工提供服务的受益对象分别计入成本费用。（　　）

8. 计量应付职工薪酬时，国家规定了计提基础和计提比例的，应当按照国家规

定的标准计提；没有规定计提基础和计提比例的，企业不得预计当期应付职工薪酬。（ ）

9. 随同商品出售，单独计价的包装物成本计入其他业务成本。（ ）

10. 企业完工的产品验收入库后，其成本从“生产成本——基本生产成本”科目的贷方转入“库存商品”的借方。（ ）

四、业务题

1. 某企业由银行代发工资，7 月份工资结算汇总见表 5—1。同时，现金支付职工培训费 700 元，从职工教育经费中列支。

表 5—1 **工资结算汇总表**

2017 年 11 月 30 日

部门	计时工资	奖金	津贴	加班加点	缺勤扣款		应发工资	代扣款项		实发工资
					事假扣款	病假扣款		代扣社保	代扣个税	
一车间工人	11,400	2,400	3,000	1,200	200	100	17,700	1,254	0	16,446
一车间管理人员	1,700	300	400				2,400	187	0	2,213
二车间工人	25,500	7,500	11,500	1,300	100	100	45,600	2,805	0	42,795
二车间管理人员	3,100	500	900				4,500	341	85	4,074
机修车间人员	7,500	1,200	2,100				10,800	825	25	9,950
企业管理人员	9,000	1,400	2,000				12,400	990	225	11,185
合计	58,200	13,300	19,900	2,500	300	200	93,400	6,402	335	86,663

要求：请根据以上资料编制职工薪酬结算、分配及使用的会计分录。

2. 乙公司为一家液晶彩电的生产企业，共有职工 200 名。2018 年 2 月，公司以其生产的成本为 10,000 元的液晶彩电作为福利发放给公司每名职工。该型号液晶彩电售价为每台 14,000 元，乙公司适用的增值税率为 17%。假定 200 名职工中，170 名为直接参加生产的职工，30 名为总部管理人员。

要求：编制乙公司上述与职工薪酬有关业务的会计分录。

五、不定项选择题（请在下列选项中选择一个或多个正确答案并填在括号中）

A 公司存货采用实际成本法核算，相关情况如下：

（1）2018 年 1 月 1 日，结存原材料 100 千克，单价 10 元。

（2）2018 年 1 月 5 日，生产领用原材料 50 千克，管理部门领用 20 千克，建造仓库领用 10 千克。

（3）2018 年 1 月 6 日，购入原材料 300 千克，单价 10.5 元。

（4）2018 年 1 月 15 日，生产领用原材料 200 千克，销售部门领用 30 千克。

（5）2018 年 1 月 20 日，购入原材料 100 千克，单价 11 元。

要求：根据上述资料，不考虑其他因素，分析回答下列问题。

（1）下列属于实际成本法发出存货的计价方法的是（　　）。

A. 个别计价法　　B. 先进先出法

C. 月末一次加权平均法　　D. 计划成本法

（2）根据资料（2）、（4），下列关于发出原材料的会计处理中正确的是（　　）。

A. 生产领用的，计入产品的成本

B. 管理部门领用的，计入“管理费用”账户

C. 建造仓库领用的，计入“在建工程”账户

D. 销售部门领用的，计入“销售费用”账户

（3）根据资料（1）、（3）、（5），如果采用先进先出法核算，下列说法中正确的是（　　）。

A. 期末原材料价值接近于市价　　B. 发出成本偏低

C. 会高估企业当期利润　　D. 会低估企业库存存货价值

（4）根据上述资料，如果采用先进先出法核算，那么本月月末库存存货成本为（　　）元。

A. 1,900　　B. 1,995　　C. 2,045　　D. 1,825

（5）根据上述资料，若采用月末一次加权平均法核算，则本月末库存存货成本为（　　）元。

A. 1,900　　B. 1,995　　C. 2,090　　D. 1,825

项目 6　销售的核算

复习指导

1. 企业销售业务中，会计人员首先要了解财务部与企业内外相关部门或单位所发生的关系，如图 6—1 所示，了解上述销售业务活动中各类单据、资料的传递过程，特别要掌握财务部在有关业务中接收或发出的单据、资料的处理方法。

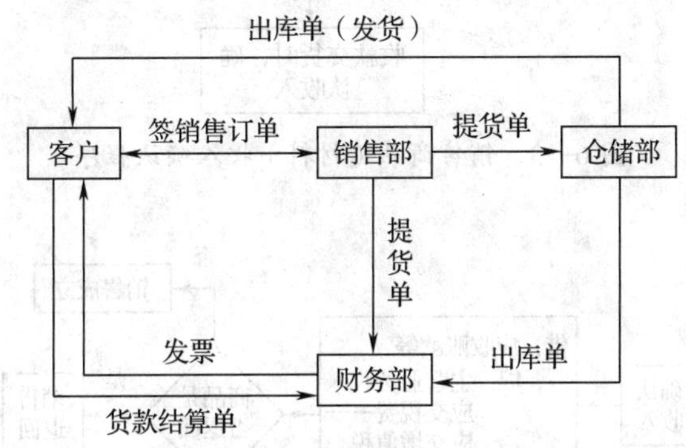

图 6—1　销售业务活动中财务部和企业内外部的关系

2. 销售核算业务的主要环节如图 6—2 所示。其中，本项目重点掌握销售商品（材料）收入确认、销售商品（材料）确认收入账务处理和销售业务期末的具体账务处理程序，如图 6—3 至图 6—5 所示，这是会计人员在销售核算中常见的业务。

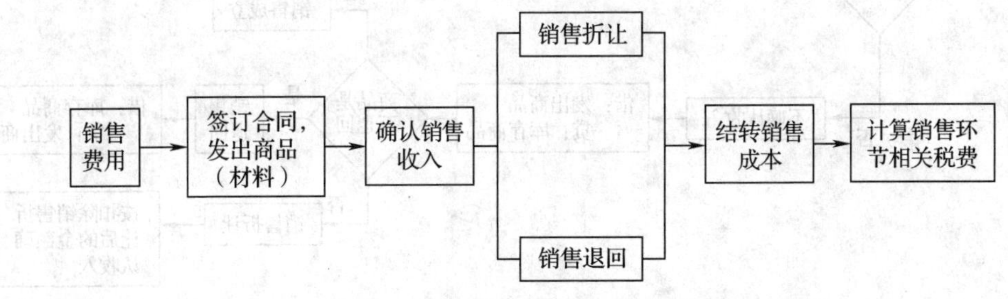

图 6—2　销售核算业务环节总括图

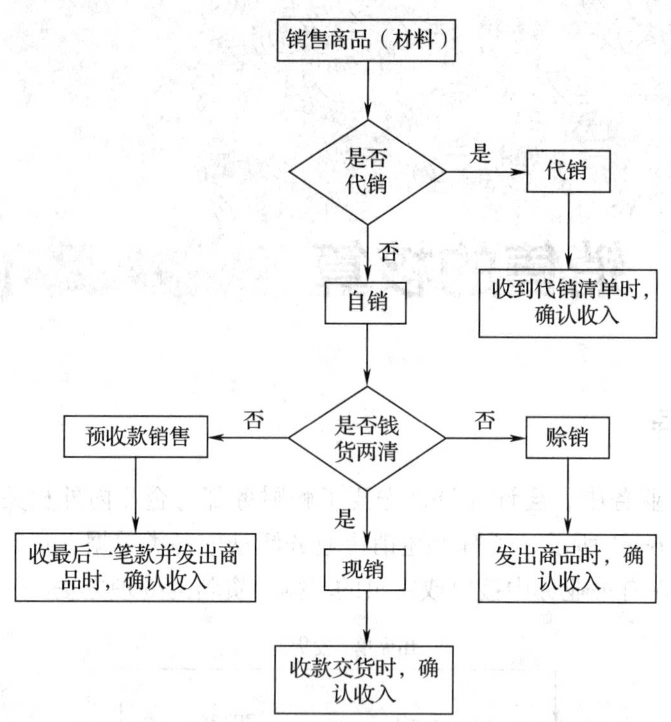

图 6—3　销售商品（材料）收入确认程序

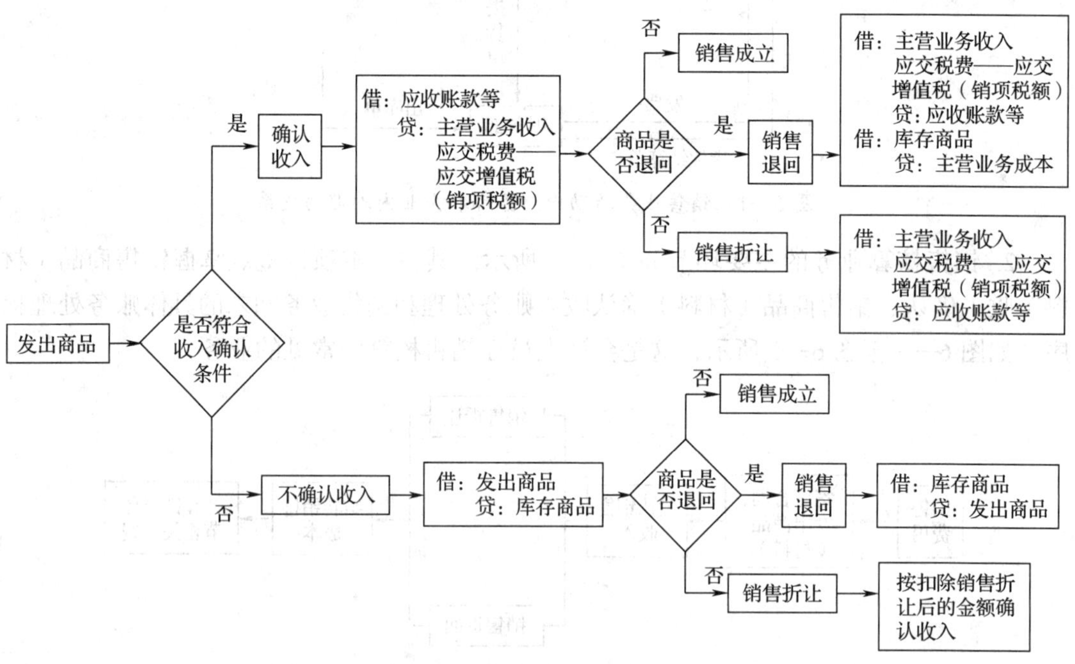

图 6—4　销售商品（材料）确认收入账务处理程序

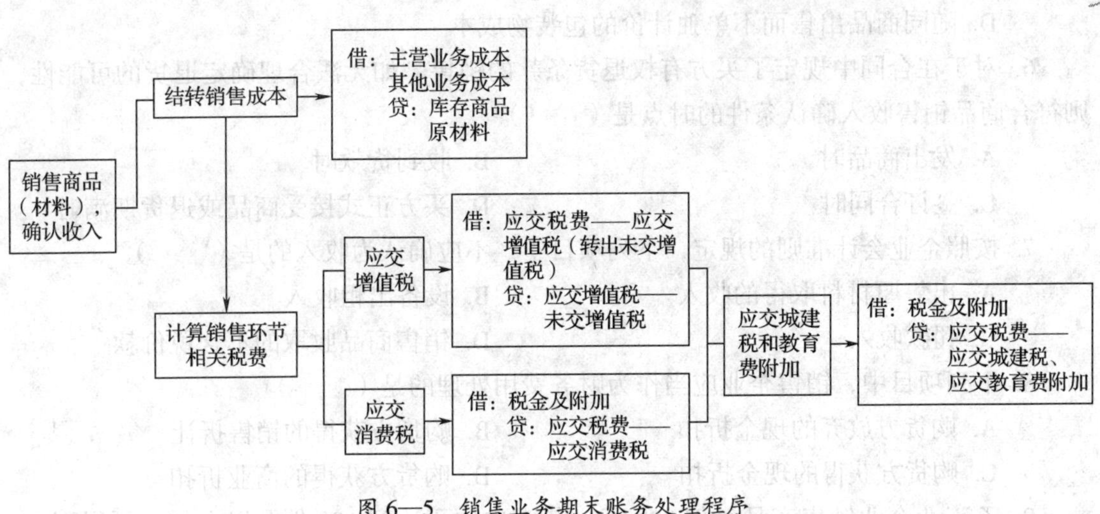

图6—5　销售业务期末账务处理程序

知识练习

知识练习Ⅰ

一、单项选择题（请在下列选项中选择一个正确答案并填在括号中）

1. 企业对于已经发出但尚未确认销售收入的商品成本，应借记（　　）账户。

A. 在途物资　　B. 库存商品　　C. 主营业务成本　　D. 发出商品

2. 甲企业销售A产品每件500元，若客户购买100件（含100件）以上可得到10%的商业折扣。乙公司于2017年12月10日向甲企业购买A产品200件，款项尚未支付。按规定现金折扣条件为2/10，1/20，n/30。适用的增值税税率为17%。甲企业于12月28日收到乙公司货款时，应给予客户的现金折扣为（　　）元（假定计算现金折扣时考虑增值税）。

A. 1,000　　B. 1,053　　C. 2,000　　D. 2,106

3. 在收取手续费代销方式下，委托方确认销售收入的时间是（　　）。

A. 签订代销协议时　　B. 收到代销商品款时

C. 发出商品时　　D. 收到代销清单时

4. 下列各项收入，（　　）不属于收入按性质进行的分类。

A. 主营业务收入　　B. 销售商品收入

C. 提供劳务收入　　D. 让渡资产使用权收入

5. 下列各项中，不应计入销售费用的是（　　）。

A. 销售部门发生的办公费用

B. 为推广新产品而发生的广告费用

C. 随同商品出售且单独计价的包装物成本

D. 随同商品出售而不单独计价的包装物成本

6. 对于在合同中规定了买方有权退货条款的销售，如无法合理确定退货的可能性，则符合商品销售收入确认条件的时点是（　　）。

A. 发出商品时　　B. 收到货款时

C. 签订合同时　　D. 买方正式接受商品或退货期满时

7. 按照企业会计准则的规定，下列项目中，不应确认为收入的是（　　）。

A. 出售原材料取得的收入　　B. 设备出租收入

C. 罚款收入　　D. 销售商品收取的不含税价款

8. 下列项目中，销售企业应当作为财务费用处理的是（　　）。

A. 购货方放弃的现金折扣　　B. 购货方获得的销售折让

C. 购货方获得的现金折扣　　D. 购货方获得的商业折扣

9. 乙工业企业销售产品每件230元，若客户购买达到100件及以上的，可得到20元/件的商业折扣。某客户2017年12月10日购买该企业产品100件，按规定现金折扣条件为2/10，1/20，n/30，适用的增值税税率为17%。乙企业应收账款的入账价值为（　　）元（假定计算现金折扣时不考虑增值税）。

A. 23,000　　B. 26,910　　C. 24,570　　D. 21,000

10. 甲公司本年度委托乙商店代销一批零配件，代销价款300万元（不含增值税）。本年度收到乙商店交来的代销清单，代销清单列明已销售代销零配件的70%，甲公司收到代销清单时向乙商店开具增值税发票。乙商店按代销价款5%收取手续费。该批零配件的实际成本为180万元。则甲公司本年度因此项业务应确认的销售收入为（　　）万元。

A. 300　　B. 180　　C. 210　　D. 120

二、多项选择题（请在下列选项中选择多个正确答案并填在括号中）

1. 下列有关销售商品收入的处理中，不正确的有（　　）。

A. 收取手续费的委托代销方式下，委托方发出商品时即可确认收入

B. 当期售出的商品被退回时，直接冲减退回当期的收入、成本等相关项目

C. 当期售出的商品已经确认销售商品收入发生销售折让时，将发生的销售折让冲减当期的收入

D. 当期售出的商品发生销售折让时，直接将发生的销售折让作为当期的销售费用处理

2. 企业销售商品缴纳的下列各项税费，计入“税金及附加”账户的有（　　）。

A. 消费税　　B. 增值税

C. 教育费附加　　D. 城市维护建设税

3. 下列各项中，属于收入确认条件的有（　　）。

A. 企业已将商品所有权上的主要风险和报酬转移给购货方

B. 企业既没有保留通常与所有权相联系的继续管理权，也没有对已售出的商品实

施有效控制

C. 相关的经济利益很可能流入企业

D. 相关的已发生或将发生的成本的金额能够可靠地计量

4. 下列各项中，属于企业销售费用核算范围的有（　　）。

A. 广告费　　B. 销售时代垫的运费

C. 销售部门使用固定资产的折旧　　D. 专设销售机构发生的固定资产修理费

5. 结转商品销售成本时可能涉及的贷方科目有（　　）。

A. 生产成本　　B. 受托代销商品

C. 发出商品　　D. 库存商品

6. 在完工百分比法中，确定完工比例的方法有（　　）。

A. 按专业测量师测量的结果确定

B. 按提供的劳务量占应提供劳务总量的比例确定

C. 按劳务各期耗时长短来确定

D. 按已发生成本占估计总成本的比例来确定

7. 收入的特征表现为（　　）。

A. 收入可能表现为所有者权益的增加

B. 收入包括代收的增值税

C. 收入从日常活动中产生，而不是从偶发的交易或事项中产生

D. 收入与所有者投入资本无关

8. 下列有关收入确认的表述中，正确的有（　　）。

A. 如劳务的开始和完成分属于不同会计期间，应按完工百分比法确认收入

B. 在收取手续费方式下，委托代销方式销售商品时应在收到受托方开具的代销清单时确认收入

C. 资产使用费收入应当按合同规定的收费时间和方法计算确认收入

D. 在预收款销售方式下，收到货款时确认收入

9. 下列各项关于现金折扣、商业折扣、销售折让的会计处理的表述中，不正确的有（　　）。

A. 现金折扣在实际发生时计入财务费用

B. 现金折扣在确认销售收入时计入财务费用

C. 已确认收入的售出商品发生销售折让的，通常应当在发生时冲减当期销售商品收入

D. 商业折扣在确认销售收入时计入销售费用

三、判断题（判断正误并在括号内填√或×）

1. 在收取手续费代销方式下，受托方在售出受托代销商品时，按售价确认营业收入。（　　）

2. 一般情况下，企业出售专利权取得的收入计入“主营业务收入”中，结转的成本计入“主营业务成本”中。（　　）

3. 企业对于发出的商品，不符合收入确认条件的，应按其实际成本编制会计分录：借记“发出商品”账户，贷记“库存商品”账户。（　　）

4. 企业已完成销售手续但购买方在月末尚未提取的商品，应作为企业的库存商品核算。（　　）

5. 企业出售原材料取得的款项扣除其成本及相关费用后的净额，应当计入“营业外收入”或“营业外支出”。（　　）

6. 企业为客户提供的现金折扣应在实际发生时冲减当期收入。（　　）

7. 企业在确定商品销售收入时，应该考虑各种可能发生的商业折扣和销售折让。（　　）

8. 企业在销售收入确认之后发生的销售折让，应在实际发生时冲减发生当期的收入。（　　）

9. 企业劳务的开始和完成属于同一会计期间，且其提供劳务交易的结果能够可靠估计的，应当采用完工百分比法确认劳务收入。（　　）

10. 在采用完工百分比法确认劳务成本时，应以实际发生的全部支出确认。（　　）

四、业务题

1. 甲上市公司为增值税一般纳税人，库存商品采用实际成本法核算，商品售价不含增值税，商品销售成本随销售同时结转。2017 年 3 月 1 日，W 商品账面余额为 230 万元。2017 年 3 月发生有的关采购与销售业务如下：

（1）3 月 3 日，从 A 公司采购 W 商品一批，收到的增值税专用发票上注明的货款为 80 万元，增值税为 13.6 万元。W 商品已验收入库，款项尚未支付。

（2）3 月 8 日，向 B 公司销售 W 商品一批，开出的增值税专用发票上注明的售价为 150 万元，增值税为 25.5 万元，该批 W 商品实际成本为 120 万元，款项尚未收到。

（3）销售 B 公司的部分 W 商品由于存在质量问题，3 月 20 日 B 公司要求退回 3 月 8 日所购 W 商品的 50%，经过协商，甲公司同意了 B 公司的退货要求，并按规定向 B 公司开具了增值税专用发票（红字），发生的销售退回允许扣减当期的增值税销项税额，该批退回的 W 商品已验收入库。

要求：

（1）编制甲上市公司上述（1）、（2）、（3）项业务的会计分录。

（2）计算甲上市公司 2017 年 3 月 31 日 W 商品的账面余额。

2. 甲公司为增值税一般纳税人，适用的增值税税率为 17%。2017 年 3 月份发生下列销售业务：

（1）3 日，向 A 公司销售商品 1,000 件，每件商品的标价为 80 元。为了鼓励多购商品，甲公司同意给予A公司10%的商业折扣。开出的增值税专用发票上注明的售价总额为72,000元，增值税额为12,240元。商品已发出，货款已收存银行。

（2）5日，向B公司销售商品一批，开出的增值税专用发票上注明的售价总额为60,000元，增值税额为10,200元。甲公司为了及早收回货款，在合同中规定的现金折扣条件为：2/10，1/20，n/30。

（3）13日，收到B公司的扣除享受现金折扣后的全部款项，并存入银行。假定计算现金折扣时不考虑增值税。

（4）15日，向C公司销售商品一批，开出的增值税专用发票上注明的售价总额为90,000元，增值税额为15,300元。货款未收到。

（5）20日，C公司发现15日所购商品不符合合同规定的质量标准，要求甲公司在价格上给予8%的销售折让。甲公司经查明后，同意给予折让并取得了折让证明单，开具了增值税专用发票（红字）。

要求：编制甲公司上述销售业务的（1）至（5）会计分录。（“应交税费”账户要求写出明细账户）

五、不定项选择题（请在下列选项中选择一个或多个正确答案并填在括号中）

1. 甲公司为增值税一般纳税人，适用的增值税税率为17%。2017年3月1日，向乙公司销售某商品1,000件，每件标价2,000元，实际售价每件1,800元（不含增值税额），已开出增值税专用发票，商品已交付给乙公司。为了及早收回货款，甲公司在合同中规定的现金折扣条件为：2/10，1/20，n/30。假定计算现金折扣时考虑增值税，根据上述资料回答以下问题：

（1）下列表述正确的是（　　）。

A. 2017年3月1日应确认应收账款1,800,000元

B. 2017年3月1日应确认增值税销项税额306,000元

C. 2017年3月1日应按照扣除现金折扣后的金额确认收入

D. 2017年3月1日应当确认现金折扣，计入财务费用

（2）下列表述正确的是（　　）。

A. 乙公司在3月9日付款，享受42,120元的现金折扣

B. 乙公司在3月18日付款，享受21,060元的现金折扣

C. 乙公司在3月26日付款，不能享受现金折扣，应全额付款

D. 确认现金折扣时应当将折扣金额计入财务费用

2. 甲上市公司（简称甲公司）为增值税一般纳税人，适用的增值税税率为17%。2017年12月甲公司发生下列经济业务：

（1）12月1日，甲公司与A公司签订委托代销商品协议。协议规定，甲公司以支付手续费方式委托A公司代销W商品100件，A公司对外销售价格为每件3万元，未

出售的商品A公司可以退还给甲公司；甲公司按A公司对外销售价格的1%向A公司支付手续费，在收取A公司代销商品款时扣除。W商品单位成本为2万元。

12月31日，甲公司收到A公司开来的代销清单，已对外销售W商品60件；甲公司开具的增值税专用发票注明：销售价格为180万元，增值税税额为30.6万元。同日，甲公司收到A公司交来的代销商品款208.8万元并存入银行，应支付A公司的手续费1.8万元已扣除。

（2）12月5日，收到B公司退回的X商品一批以及税务机关开具的进货退回相关证明，销售价格为100万元，销售成本为70万元；该批商品已于11月份确认收入，但款项尚未收到，且未计提坏账准备。

（3）12月10日，与C公司签订一项为期5个月的非工业性劳务合同，合同总收入为200万元，当天预收劳务款20万元。12月31日，经专业测量师对已提供的劳务进行测量，确定该项劳务的完工程度为30%，公司按此方法确定劳务完工进度。至12月31日，实际发生劳务成本40万元（假定均为职工薪酬），估计为完成合同还将发生劳务成本90万元（假定均为职工薪酬）。假定该项劳务交易的结果能够可靠地计量。

（4）12月31日，以本公司生产的产品作为福利发放给职工。发放给生产工人的产品不含增值税的公允价值为200万元，实际成本为160万元；发放给行政管理人员的产品不含增值税的公允价值为100万元，实际成本为80万元。产品已发放给职工。

要求：根据上述资料，回答下列问题。

（1）根据资料（1），下列说法不正确的是（　　）。

A. 甲公司在收到代销清单时应确认收入180万元

B. 甲公司在收到代销清单时应确认收入178.2万元

C. 甲公司支付的手续费应确认为“销售费用”

D. 甲公司应结转成本120万元

（2）根据资料（2），下列说法不正确的是（　　）。

A. 商品退回应调整11月份主营业务收入

B. 商品退回应在12月份计入管理费用

C. 商品退回应在12月份计入销售费用

D. 商品退回应调整12月份主营业务收入

（3）根据资料（3），在12月31日，应确认收入（　　）万元。

A. 39　　B. 40　　C. 20　　D. 60

（4）根据资料（3），在12月31日，应确认成本（　　）万元。

A. 39　　B. 40　　C. 20　　D. 60

（5）关于资料（4），下列表述正确的是（　　）。

A. 发放给生产工人的应通过制造费用核算

B. 发放给管理人员的应通过管理费用核算

C. 此业务应视同销售确认销项税额

D. 此业务应按照成本确认应付职工薪酬

知识练习Ⅱ

一、单项选择题（请在下列选项中选择一个正确答案并填在括号中）

1. 委托方采用收取手续费的方式代销商品，受托方在商品销售后应按（　　）确认收入。

A. 销售价款和手续费之和　　B. 销售价款和增值税之和

C. 销售价款　　D. 收取的手续费

2. 企业专设销售机构人员的工资应计入（　　）账户。

A. 管理费用　　B. 销售费用

C. 制造费用　　D. 其他业务成本

3. 企业 2017 年 5 月售出的产品 2017 年 8 月被退回时，其冲减的销售收入应在退回当期计入（　　）账户的借方。

A. 以前年度损益调整　　B. 其他业务收入

C. 本年利润　　D. 主营业务收入

4. 某企业某月销售商品发生商业折扣 20 万元、现金折扣 15 万元、销售折让 25 万元。该企业上述业务计入当月财务费用的金额为（　）万元。

A. 15　　B. 20　　C. 35　　D. 45

5. 对于已经完成销售手续并确认收入，若月末购货人未提走所购商品，企业应该将商品计入（　　）。

A. 在途商品　　B. 代管商品备查簿

C. 发出商品　　D. 库存商品

6. 甲企业销售 A 产品每件 500 元，若客户购买 100 件（含 100 件）以上可得到 10% 的商业折扣。乙公司于 2017 年 11 月 5 日购买该企业产品 200 件，款项尚未支付。按规定现金折扣条件为 2/10，1/20，n/30。适用的增值税税率为 17%。甲企业于 11 月 23 日收到该笔款项时，实际收到的金额为（　　）元（假定计算现金折扣时不考虑增值税）。

A. 117,000　　B. 116,100　　C. 104,400　　D. 105,300

7. 企业销售商品交纳的下列各项税费，不计入“税金及附加”账户的有（　　）。

A. 消费税　　B. 增值税

C. 教育费附加　　D. 城市维护建设税

8. 某企业于 2017 年 9 月接受一项产品安装任务，安装期 5 个月，合同总收入 40 万元，年度预收款项 12 万元，余款在安装完成时收回，预计总成本为 30 万元。2017 年末请专业测量师测量，产品安装程度为 60%。该项劳务在 2017 年度确认收入的金额为（ ）万元。

A. 32　　B. 12　　C. 24　　D. 18

9. 下列各项可采用完工百分比法确认收入的是（ ）。

A. 在同一会计年度开始并完成劳务

B. 跨越一个会计年度才能完成且交易结果能够可靠估计的劳务

C. 委托代销商品

D. 分期收款销售商品

10. 某企业取得的下列各项收入中，不属于让渡资产使用权所取得的收入的是（ ）。

A. 债券利息收入　　B. 进行股权投资取得的股利收入

C. 出租固定资产取得的租金收入　　D. 出售固定资产取得的价款

二、多项选择题（请在下列选项中选择多个正确答案并填在括号中）

1. 企业发出商品但尚未确认销售收入时，会计核算可能涉及的账户有（ ）。

A. 在途物资　　B. 库存商品

C. 主营业务成本　　D. 发出商品

2. 下列交易和事项中，不能确认营业收入的有（ ）。

A. 订货销售收到的部分订货款

B. 商品已发出，估计价款收回可能性不大

C. 预收客户账款

D. 收取手续费方式下发出委托代销商品

3. 收入是企业在日常活动中形成的，下列各项中，属于收入的有（ ）。

A. 销售原材料收入　　B. 提供劳务收入

C. 销售商品收入　　D. 出售固定资产净收益

4. 下列各项中，应计入销售费用的有（ ）。

A. 销售产品发生的商业折扣

B. 结转随同商品出售但单独计价的包装物成本

C. 销售商品过程中自负的运费

D. 结转随同商品出售但不单独计价的包装物成本

5. 企业跨期提供劳务的，期末可以按照完工百分比法确认收入的条件包括（ ）。

A. 劳务总收入能够可靠地计量　　B. 相关的经济利益很可能流入企业

C. 劳务的完成程度能够可靠地确定　　D. 劳务总成本能够可靠地计量

6. 企业取得的下列款项中，符合“收入”会计要素定义的有（ ）。

A. 转让无形资产使用权取得的款项　　B. 出售原材料收取的价款

C. 出售自制半成品收取的价款　　D. 出售固定资产收取的价款

7. 按我国企业会计准则规定，下列项目中不应确认为收入的有（ ）。

A. 销售原材料收取的货款部分　　B. 销售商品代垫的运杂费
C. 出售飞机票时代收的保险费　　D. 销售商品收取的增值税

8. 现金折扣方式销售产品，购货方在折扣期内付款，则下列处理中正确的有（　）。

A. 按照扣除折扣后的净价确认销售收入　B. 按照商品总价确认销售收入
C. 给予购货方的折扣确认为财务费用　D. 给予购货方的折扣确认为销售费用

三、判断题（判断正误并在括号内填√或 ×）

1. 企业只要发出商品，无论是否已确认销售收入，期末均不应作为企业的存货。（　）

2. 在采用预收货款方式销售产品的情况下，应当在发出商品并收到最后一笔尾款时确认收入的实现。（　）

3. 企业发生的销售折让，如果按规定扣减当期增值税销项税额，可用“红字”冲减“应交税费——应交增值税（销项税额）”专栏。（　）

4. 委托代销商品应在收到代销单位汇来的货款时确认收入。（　）

5. 企业本期发生的货币资金的流入，均确认为企业本期的收入。（　）

6. 作为六大会计要素之一的收入，通常不包括处置固定资产净收益、转让无形资产使用权取得的净收益等。（　）

7. 工业企业为拓展销售市场所发生的广告费，应计入“销售费用”中。（　）

8. 企业已完成销售手续但购买方在月末尚未提取的商品，不再作为企业的库存商品核算。（　）

9. 现金折扣和销售折让，均应在实际发生时计入当期“财务费用”。（　）

10. 如果劳务的开始和完成分属不同的会计年度，就应按完工百分比法确认收入。（　）

四、业务题

1. 甲企业的部分商品委托其他单位销售，发生如下业务：

委托乙企业代销 200 件商品，销售价（不含税）150 元 / 件，实际成本 100 元 / 件，甲企业收到代销清单，代销商品已全部售出，乙企业按不含税销售额的 10% 收取代销手续费，并向甲企业结清代销款。

要求：根据上述资料，编制甲企业委托代销的有关会计分录（两企业均为增值税一般纳税人，增值税税率为 17%）。

2. 顺畅股份有限公司（以下简称顺畅公司）系工业企业，为增值税一般纳税人，适用的增值税税率 17%，销售单价除标明为含税价格外，均为不含增值税价格。顺畅公司 2017 年 12 月发生如下业务：

（1）12 月 3 日，向甲企业赊销 A 产品 50 件，单价为 20,000 元，单位销售成本为

10,000 元。

（2）12 月 15 日，向丁企业销售材料一批，价款为 700,000 元，该材料发出成本为 500,000 元。当日收取面值为 819,000 元的商业承兑汇票一张。

（3）12 月 18 日，丙企业要求退回本年 11 月 25 日购买的 20 件 A 产品。该产品销售单价为 20,000 元，单位销售成本为 10,000 元，其销售收入 400,000 元已确认入账，价款尚未收取。经查明退货原因系发货错误，同意丙企业退货，并办理退货手续和开具红字增值税专用发票。

（4）12 月 20 日，收到外单位租用本公司办公用房下一年度租金 600,000 元，款项已收存银行。

（5）12 月 21 日，甲企业来函提出 12 月 3 日购买的 A 产品质量不完全合格。经协商同意按销售价款的 10% 给予折让，并办理退款手续和开具红字增值税专用发票。

（6）12 月 31 日，计算本月应交纳的城市维护建设税 8,377.60 元，教育费附加 3,590.40 元。

要求：根据上述（1）至（6）业务编制相关的会计分录。（“应交税费”账户必须写出二级和三级明细账户，其他账户可不写出明细账户）

五、不定项选择题（请在下列选项中选择一个或多个正确答案并填在括号中）

甲公司为增值税一般纳税人，增值税税率为 17%，商品销售价格不含增值税，在确认销售收入时逐笔结转销售成本。假定不考虑其他相关税费。2017 年 6 月份甲公司发生如下业务：

（1）6 月 2 日，向乙公司销售 A 商品 1,600 件，标价总额为 800 万元（不含增值税），商品实际成本为 480 万元。为了促销，甲公司给予乙公司 15% 的商业折扣并开具了增值税专用发票。甲公司已发出商品，并向银行办理了托收手续。

（2）6 月 10 日，因部分 A 商品的规格与合同不符，乙公司退回 A 商品 800 件。当日，甲公司按规定向乙公司开具增值税专用发票（红字），销售退回允许扣减当期增值税销项税额，退回商品已验收入库。

（3）6 月 15 日，甲公司将部分退回的 A 商品作为福利发放给本公司职工，其中生产工人 500 件，行政管理人员 40 件，专设销售机构人员 60 件，该商品每件市场价格为 0.4 万元（与计税价格一致），实际成本 0.3 万元。

（4）6 月 25 日，甲公司收到丙公司来函。来函提出，2017 年 5 月 10 日从甲公司所购 B 商品不符合合同规定的质量标准，要求甲公司在价格上给予 10% 的销售折让。该商品售价为 600 万元，增值税额为 102 万元，货款已结清。经甲公司认定，同意给予折让并以银行存款退还折让款，同时开具了增值税专用发票（红字）。除上述资料外，不考虑其他因素。

要求：根据上述资料，回答下列问题：

（1）关于甲公司发生的业务，下列说法中正确的有（　　）。

A. 给予乙公司的商业折扣在实际发生时计入销售费用

B. 现金折扣在实际发生时计入财务费用

C. 给予丙公司的销售折让应当确认为销售费用

D. 已确认收入的售出商品发生销售折让的，通常应当在发生时冲减当期销售商品收入

（2）甲公司 6 月份主营业务收入总额为（　　）万元。

A. 540　B. 530　C. 520　D. 510

（3）根据上述资料（1），下列说法正确的是（　　）。

A. 主营业务收入 800 万元　B. 应收账款 936 万元

C. 主营业务收入 680 万元　D. 应收账款 795.6 万元

（4）根据上述资料（2），下列说法不正确的是（　　）。

A. 销售退回业务不用做会计分录

B. 销售退回业务冲减当期主营业务收入

C. 销售退回商品计入“库存商品”科目借方

D. 销售退回商品计入“原材料”科目借方

（5）根据上述资料（4），下列说法正确的是（　　）。

A. 销售折让业务冲减主营业务收入 600 万元

B. 销售折让业务冲减主营业务收入 60 万元

C. 退回折让款 70.2 万元

D. 退回折让款 600 万元

项目7 对外投资的核算

复习指导

1. 企业对外投资业务中，会计人员首先要了解财务部与企业内外相关部门或单位所发生的关系，如图7—1所示，了解对外投资业务活动中各类单据、资料的传递过程，特别要掌握财务部在有关业务中接收或发出的单据、资料的处理方法。

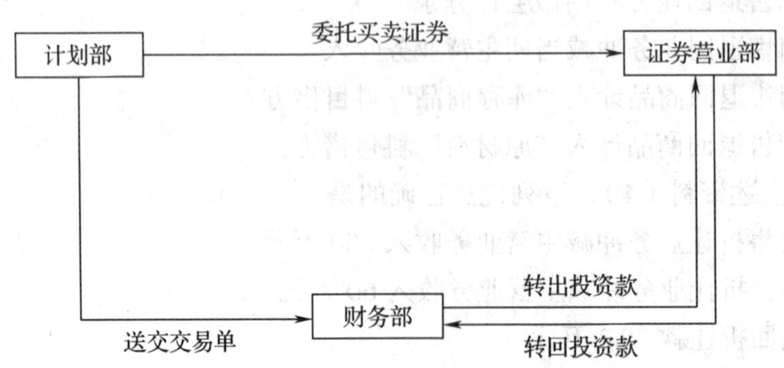

图7—1 对外投资业务活动中财务部和企业内外部的关系

2. 对外投资核算业务的主要环节如图7—2所示。其中，本项目重点掌握对外投资取得、持有期间和处置环节的具体账务处理程序，如图7—3至图7—5所示，这是会计人员在对外投资核算中常见的业务。

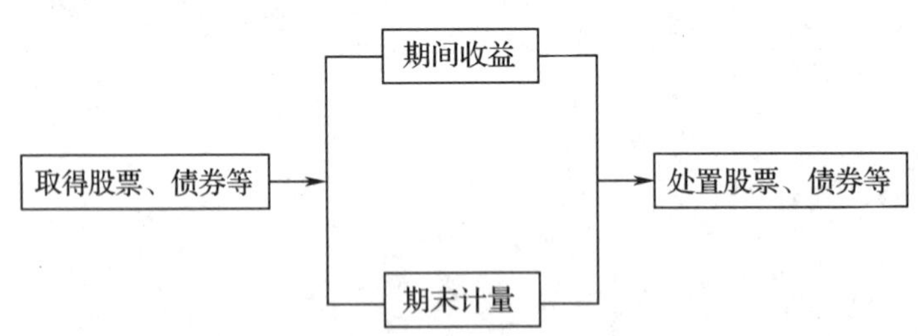

图7—2 对外投资核算业务环节总括图

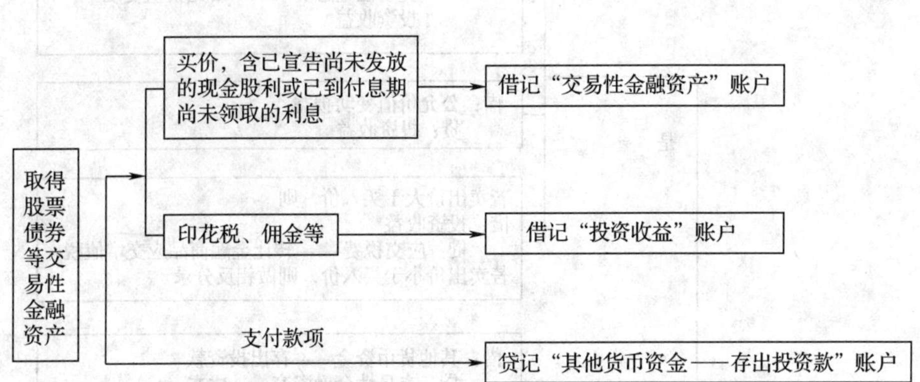

图7—3 交易性金融资产取得账务处理程序示意图

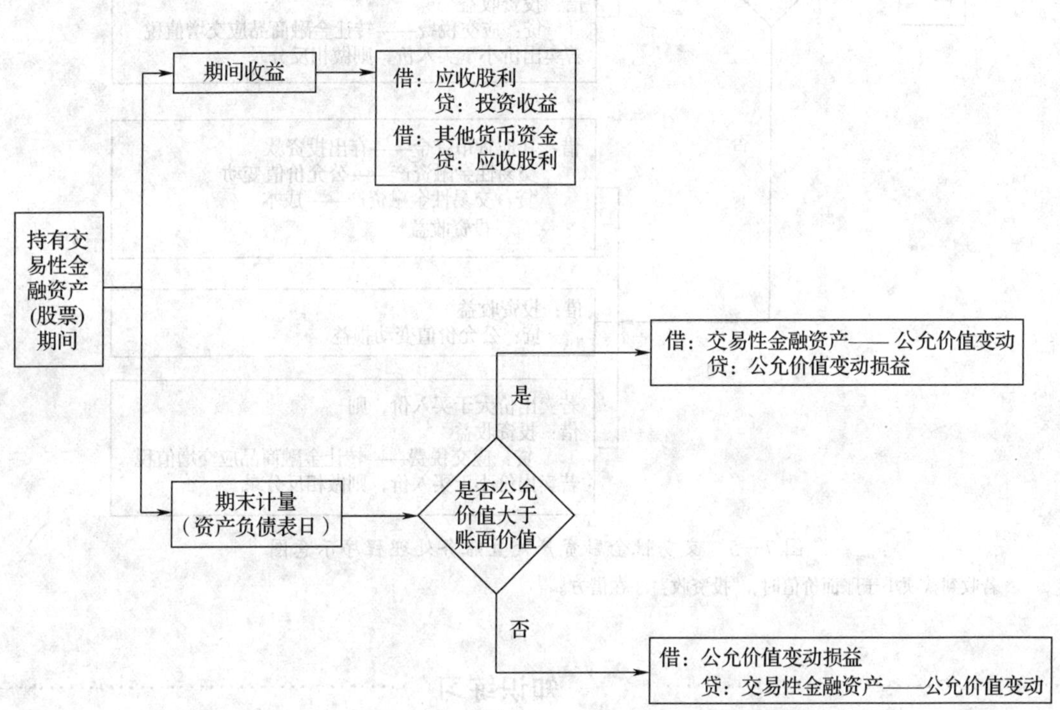

图7—4 交易性金融资产持有期间账务处理程序示意图

备注：当企业持有“债券”时，则“应收股利”应改为“应收利息”。

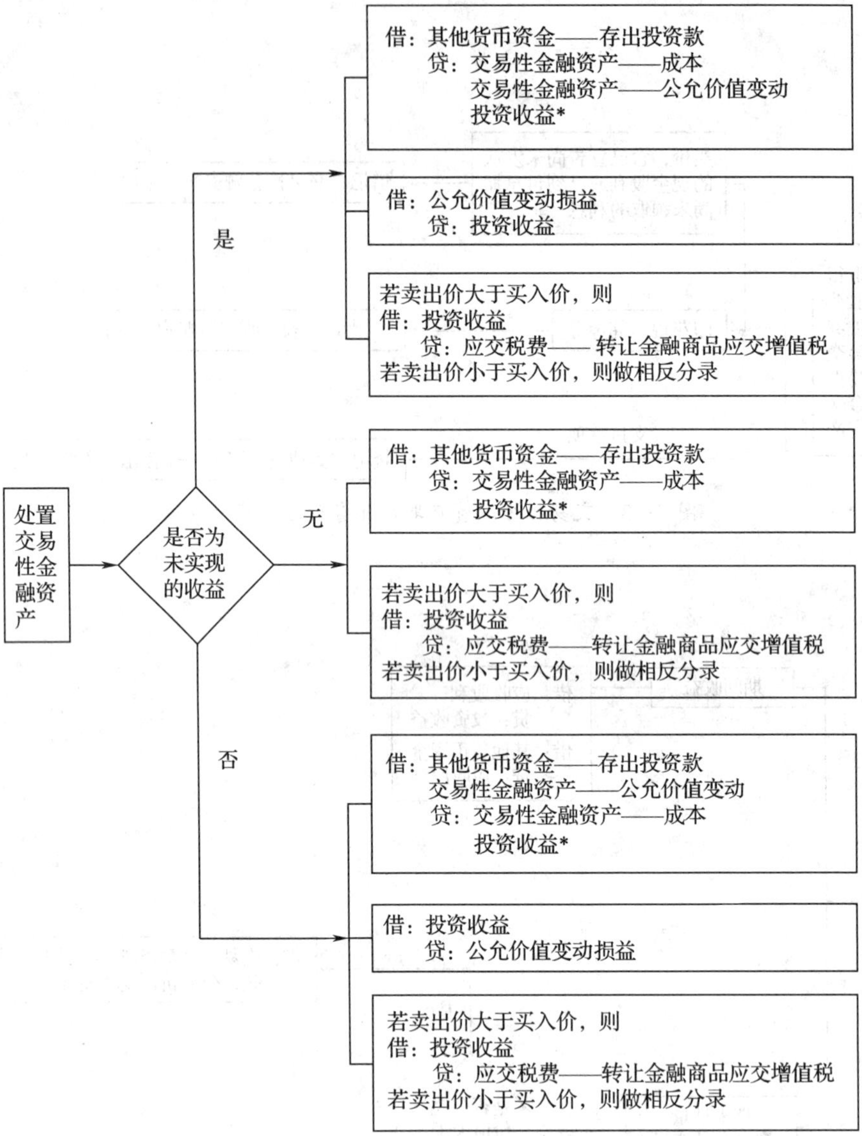

处置交易性金融资产 → 是否为未实现的收益

是

- 借：其他货币资金——存出投资款
  　贷：交易性金融资产——成本
  　　交易性金融资产——公允价值变动
  　　投资收益*
- 借：公允价值变动损益
  　贷：投资收益
- 若卖出价大于买入价，则
  借：投资收益
  　贷：应交税费——转让金融商品应交增值税
  若卖出价小于买入价，则做相反分录

无

- 借：其他货币资金——存出投资款
  　贷：交易性金融资产——成本
  　　投资收益*
- 若卖出价大于买入价，则
  借：投资收益
  　贷：应交税费——转让金融商品应交增值税
  若卖出价小于买入价，则做相反分录

否

- 借：其他货币资金——存出投资款
  　交易性金融资产——公允价值变动
  　贷：交易性金融资产——成本
  　　投资收益*
- 借：投资收益
  　贷：公允价值变动损益
- 若卖出价大于买入价，则
  借：投资收益
  　贷：应交税费——转让金融商品应交增值税
  若卖出价小于买入价，则做相反分录

图 7—5　交易性金融资产处置账务处理程序示意图

* 若收到款项小于账面价值时，“投资收益”在借方。

知识练习

一、单项选择题（请在下列选项中选择一个正确答案并填在括号中）

1. 企业存入证券公司 50 万元银行存款，准备购买股票作为企业的交易性金融资产，但是尚未进行交易，则应该借记的账户为（　　）。

A. 银行存款　　　　B. 其他应收款

C. 其他货币资金——存出投资款　　　　D. 交易性金融资产

2. 企业取得交易性金融资产时，支付的印花税与支付给券商的佣金等相关交易税费（不考虑增值税），一次性计入（ ）账户。

A. 应收股利　　B. 应收利息

C. 公允价值变动损益　　D. 投资收益

3. 企业在证券公司购入股票，应通过“其他货币资金”的（　　）明细账户核算。

A. 银行支票　　B. 银行汇票　　C. 存出投资款　　D. 存入投资款

4. 某企业购入 W 上市公司股票 180 万股，并划分为交易性金融资产，共支付款项 2,830 万元，其中包括已宣告但尚未发放的现金股利 126 万元。另外，支付相关交易费用 4 万元。该项交易性金融资产的入账价值为（　　）万元。

A. 2,700　　B. 2,704　　C. 2,830　　D. 2,834

5. 某企业购入 A 上市公司债券 100 万元，并划分为交易性金融资产，共支付款项为 103 万元，其中包括已到付息期但尚未领取的债券利息 3 万元，另支付相关交易费用 0.03 万元。该项交易性金融资产的入账价值为（　）万元。

A. 100　　B. 103　　C. 103.03　　D. 100.03

6. 资产负债表日，交易性金融资产应当按照（　　）进行期末计量。

A. 历史成本　　B. 重置成本　　C. 现值　　D. 公允价值

7. 资产负债表日，交易性金融资产的公允价值高于其账面余额的差额，借记“交易性金融资产——公允价值变动”账户，贷记（　　）。

A.“公允价值变动损益”账户　　B.“投资收益”账户

C.“交易性金融资产——成本”账户　　D.“应收股利”账户

8. 2017 年 5 月 1 日，某企业购买 A 公司股票 1,000 股，每股价格 10 元，另支付相关费用 200 元；5 月 10 日又购入 A 公司股票 1,000 股，每股价格 12 元，另支付相关费用 240 元，均划分为交易性金融资产。该企业 6 月 10 日将该股票以每股 12.65 元价格全部予以转让，另支付相关费用 300 元，计算应交增值税 186.79 元，则企业通过该交易性金融资产影响的“投资收益”科目金额为（　）元。

A. 6,000　　B. 3,000　　C. 2,373.21　　D. 2,560

9. 2017 年 6 月，某企业以 20,100 元将 3 月购入划分为交易性金融资产的股票投资予以出售，该投资购入时的入账价值为 20,000 元，5 月份收到被投资方分配的现金股利 500 元，此时的交易性金融资产的公允价值为 19,000 元，则不考虑增值税情况下，出售该项交易性金融资产时该企业计入“投资收益”账户的金额应为（　）元。

A. 100　　B. 400　　C. 500　　D. 600

10. 2017 年 5 月 21 日，甲公司购入 A 公司债券 20,000 元，购入 B 公司股票 115,000 元，作为交易性金融资产。6 月 30 日，所购 A 公司债券市价为 20,100 元，所购 B 公司股票市价为 105,000 元。则甲公司期末交易性金融资产的公允价值变动损益数额应为（　　）元。

A. 101,000　　B. 10,000　　C. –9,900　　D. –100

11. 甲公司2017年1月1日购入面值为200万元，年利率为4%的A债券，取得时支付价款208万元（含已到付息期但尚未发放的利息8万元），另支付交易费用1万元，甲公司将该项金融资产划分为交易性金融资产。2017年1月5日，收到购买时价款中所含的利息8万元，2017年12月31日，A债券的公允价值为212万元，2018年1月5日收到A债券2017年度的利息8万元；2018年4月20日，甲公司出售A债券，售价为216万元，另支付交易费用1万元，计算应交增值税0.45万元。甲公司出售A债券时应确认投资收益的金额为（　　）万元。

A. 14.55　　B. 15　　C. 6.55　　D. 7

12. 交易性金融资产科目借方登记的内容是（　　）。

A. 持有交易性金融资产期间收到的现金股利

B. 资产负债表日其公允价值高于账面余额的差额

C. 取得交易性金融资产所发生的相关交易费用

D. 资产负债表日其公允价值低于账面余额的差额

二、多项选择题（请在下列选项中选择多个正确答案并填在括号中）

1. 下列各项中，在购入交易性金融资产时不应计入其入账价值的有（　　）。

A. 买入价　　B. 支付的手续费

C. 支付的印花税　　D. 已到付息期但尚未领取的利息

2. 处置交易性金融资产的会计核算中，可能涉及的账户有（　　）。

A. 长期股权投资　　B. 投资收益

C. 公允价值变动损益　　D. 交易性金融资产——公允价值变动

3. 下列各项关于交易性金融资产的会计处理中，属于期末根据公允价值与账面余额之间的差额所做的处理是（　　）。

A. 借：交易性金融资产——公允价值变动
　　贷：公允价值变动损益

B. 借：公允价值变动损益
　　贷：交易性金融资产——公允价值变动

C. 借：投资收益
　　贷：交易性金融资产——公允价值变动

D. 借：交易性金融资产——公允价值变动
　　贷：投资收益

4. 企业核算交易性金融资产持有期间取得的现金股利时，可能涉及的会计账户有（　　）。

A. 交易性金融资产　　B. 投资收益

C. 应收股利　　D. 其他货币资金

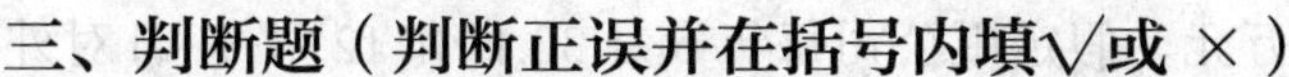

三、判断题（判断正误并在括号内填√或 ×）

1. 企业为取得交易性金融资产发生的交易费用应计入交易性金融资产初始确认金额。 (　　)

2. 交易性金融资产持有期间收到的现金股利一定会影响投资收益。 (　　)

3. 出售交易性金融资产时，确认的投资收益数额一定是取得价款和交易性金融资产账面价值的差额。 (　　)

四、业务题

1. 2017 年 3 月至 5 月，甲上市公司发生的交易性金融资产业务如下：

（1）3 月 1 日，向 D 证券公司划出投资款 1,000 万元，款项已通过开户行转入 D 证券公司资金账户。

（2）3 月 2 日，委托 D 证券公司购入 A 上市公司股票 100 万股，每股 8 元，另发生相关的交易费用 2 万元，并将该股票划分为交易性金融资产。

（3）3 月 31 日，该股票在证券交易所的收盘价格为每股 7.70 元。

（4）4 月 30 日，该股票在证券交易所的收盘价格为每股 8.10 元。

（5）5 月 10 日，将所持有的该股票以每股 8.28 元全部出售，另发生相关交易费用 3 万元，所得价款 825 万元已存入证券公司资金账户。

要求：逐笔编制甲上市公司上述业务的会计分录。（会计账户要求写出明细项目；金额以万元为单位，保留至两位小数）

2. A 公司 2017 年 7 月 1 日购入乙公司 2017 年 1 月 1 日发行的债券，支付价款为 1,100 万元（含已到付息期但尚未领取的债券利息 20 万元），另支付交易费用 10 万元。2017 年 7 月 15 日，收到利息 20 万元。假定 A 公司于 2017 年 12 月 31 日，计提利息并收到利息，该债券面值为 1,000 万元，票面年利率为 4%（票面利率等于实际利率），每半年付息一次，A 公司将其划分为交易性金融资产。

要求：

（1）请编制上述业务的相关会计分录。（会计账户要求写出明细项目）

（2）计算 A 公司 2017 年度该项交易性金融资产的投资收益。

五、不定项选择题（请在下列选项中选择一个或多个正确答案并填在括号中）

1. 2017 年 5 月 10 日，甲公司以 620 万元（含已宣告但尚未领取的现金股利 20 万元）购入乙公司股票 200 万元股作为交易性金融资产，另支付手续费 6 万元。5 月 30 日，甲公司收到现金股利 20 万元。2017 年 6 月 30 日，该股票每股市价为 3.2 万元。2017 年 8 月 10 日，乙公司宣告分派现金股利，每股 0.20 元。8 月 20 日，甲公司收到分派的现金股利。至 12 月 31 日，甲公司仍持有该交易性金融资产，期末每股市价为 3.6 元。2018 年 1 月 3 日甲公司以每股 3.18 元出售该交易性金融资产，另支付交易费用

6 万元，计算应交增值税 0.91 万元。假定甲公司每年 6 月 30 日和 12 月 31 日对外提供财务报告。

要求：根据上述材料，不考虑其他因素，分析回答下列问题。（答案中分录金额单位用万元表示）

（1）甲公司 2017 年 5 月 10 日取得交易性金融资产时，下列各项中正确的是（　　）。

A. 交易性金融资产取得时入账价值为 600 万元

B. 交易性金融资产取得时入账价值为 626 万元

C. 交易性金融资产取得时入账价值为 620 万元

D. 交易性金融资产取得时入账价值为 606 万元

（2）关于甲公司 2017 年交易性金融资产的会计处理，下列各项中正确的是（　　）。

A. 2017 年 8 月 10 日应确认投资收益 40 万元

B. 2017 年 8 月 10 日应冲减交易性金融资产成本 40 万元

C. 2017 年度应确认公允价值变动损益 80 万元

D. 2017 年度应确认公允价值变动损益 100 万元

（3）甲公司 2017 年与交易性金融资产有关的会计分录，下列各项中，会计处理结果正确的是（　　）。

A. 2017 年 5 月 10 日购入时

	借方	贷方
借：交易性金融资产——成本	620	
投资收益	6	
贷：其他货币资金		626

B. 2017 年 6 月 30 日确认公允价值变动

	借方	贷方
借：交易性金融资产——公允价值变动	20	
贷：公允价值变动损益		20

C. 2017 年 8 月 10 日宣告分派现金股利时

	借方	贷方
借：应收股利	40	
贷：投资收益		40

D. 2017 年 12 月 31 日确认公允价值变动时

	借方	贷方
借：交易性金融资产——公允价值变动	80	
贷：公允价值变动损益		80

（4）甲公司从取得交易性金融资产至出售交易性金融资产，下列各项中，会计处理结果正确的是（　　）。

A. 出售交易性金融资产时应确认投资收益 9.09 万元

B. 出售交易性金融资产时应确认投资收益 –90 万元

C. 出售交易性金融资产时影响的利润总额为 –90.91 万元

D. 从取得至出售交易性金融资产的累计损益为 63.09 万元

2. 乙公司从市场上购入债券作为交易性金融资产，有关情况如下：

（1）2017 年 1 月 1 日购入某公司债券，共支付价款 1,000 万元，另支付交易费用 4 万元。该债券面值为 1,000 万元，于 2016 年 1 月 1 日发行，期限为 4 年，票面利率为 5%，每半年计息一次，每年 1 月 2 日和 7 月 2 日付息，到期时归还本金和最后一次利息。

（2）2017 年 6 月 30 日，该债券的公允价值为 990 万元（不含利息）。

（3）2017 年 7 月 2 日，收到该债券 2017 年上半年的利息。

（4）2017 年 12 月 31 日，该债券的公允价值为 980 万元（不含利息）。

（5）2018 年 1 月 2 日，收到该债券 2017 年下半年的利息。

（6）2018 年 3 月 31 日，该公司将该债券以 1,015 万元价格售出，扣除手续费 5 万元后，将收款净额 1,010 万元存入银行，出售债券应交增值税 0.85 万元。假定乙公司每年 6 月 30 日和 12 月 31 日对外提供财务报告。

要求：根据上述资料，不考虑其他因素，分析回答下列问题。（答案中分录金额单位用万元表示）

（1）乙公司取得交易性金融资产时，下列各项中，会计处理结果正确的是（　　）。

A. 交易性金融资产入账价值为 1,000 万元

B. 交易性金融资产入账价值为 1,004 万元

C. 应确认投资收益 –4 万元

D. 不确认投资收益

（2）乙公司 2017 年下列各项中，会计处理正确的是（　　）。

A. 2017 年 1 月 1 日：

借：交易性金融资产——成本　　1,000

　　投资收益　　4

　　贷：其他货币资金　　1,004

B. 2017 年 6 月 30 日：

借：公允价值变动损益　　10

　　贷：交易性金融资产——公允价值变动　　10

借：应收利息　　25

　　贷：投资收益　　25

C. 2017 年 7 月 2 日：

借：其他货币资金——存出投资款　　25

　　贷：应收利息　　25

D. 2017 年 12 月 31 日：

借：公允价值变动损益　　10

　　贷：交易性金融资产——公允价值变动　　10

借：应收利息　　25

　贷：投资收益　　25

（3）乙公司2017年度下列各项中，计算正确的是（　　）。

A. 应确认投资收益50万元

B. 应确认投资收益46万元

C. 应确认公允价值变动损益 –20万元

D. 2017年12月31日交易性金融资产的账面价值为980万元

（4）乙公司2017年和2018年下列各项中，会计处理正确的是（　　）。

A. 乙公司出售交易性金融资产时应确认的投资收益为9.15万元

B. 乙公司从取得至出售交易性金融资产累计应确认的投资收益为55.15万元

C. 乙公司出售交易性金融资产时增加利润总额为16.65万元

D. 乙公司出售交易性金融资产时增加利润总额为9.5万元

项目 8 会计期末处理

复习指导

会计期末处理业务的主要环节如图 8—1 所示。其中，本项目重点掌握财产清查、资产减值和利润形成与分配环节的具体账务处理程序，如图 8—2 至图 8—4 所示，这是会计人员在会计期末处理核算中常见的业务。

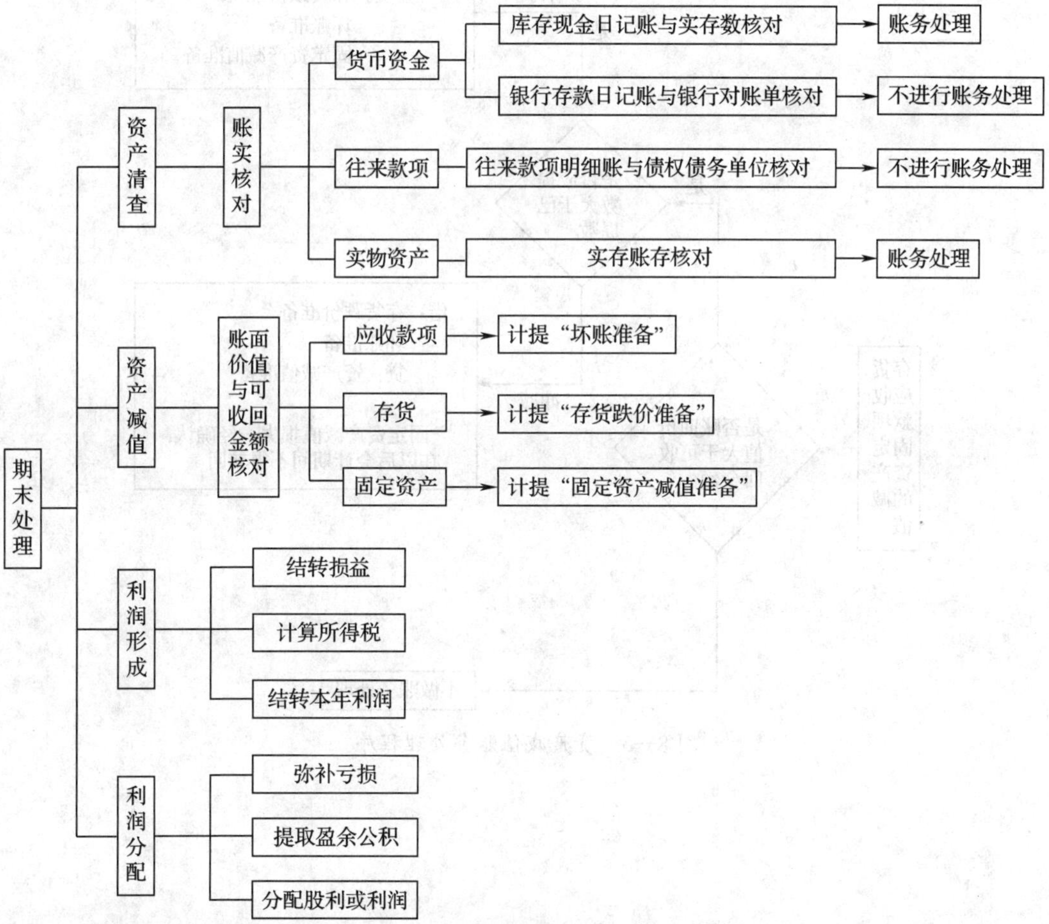

- 期末处理
  - 资产清查 — 账实核对
    - 货币资金
      - 库存现金日记账与实存数核对 → 账务处理
      - 银行存款日记账与银行对账单核对 → 不进行账务处理
    - 往来款项 — 往来款项明细账与债权债务单位核对 → 不进行账务处理
    - 实物资产 — 实存账存核对 → 账务处理
  - 资产减值 — 账面价值与可收回金额核对
    - 应收款项 → 计提“坏账准备”
    - 存货 → 计提“存货跌价准备”
    - 固定资产 → 计提“固定资产减值准备”
  - 利润形成
    - 结转损益
    - 计算所得税
    - 结转本年利润
  - 利润分配
    - 弥补亏损
    - 提取盈余公积
    - 分配股利或利润

图 8—1 会计期末处理业务环节总括图

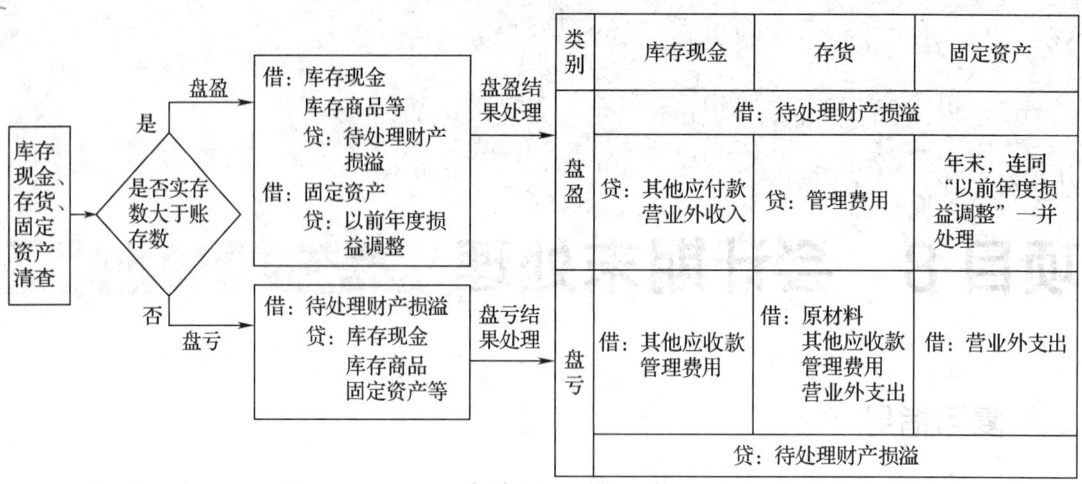

图 8—2　财产清查账务处理程序

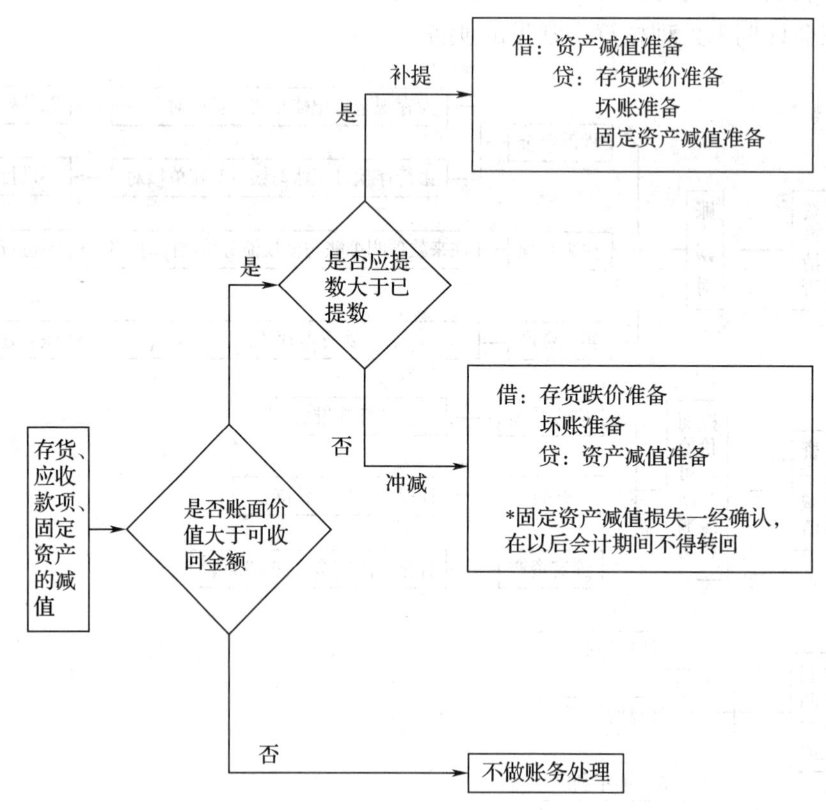

图 8—3　资产减值账务处理程序

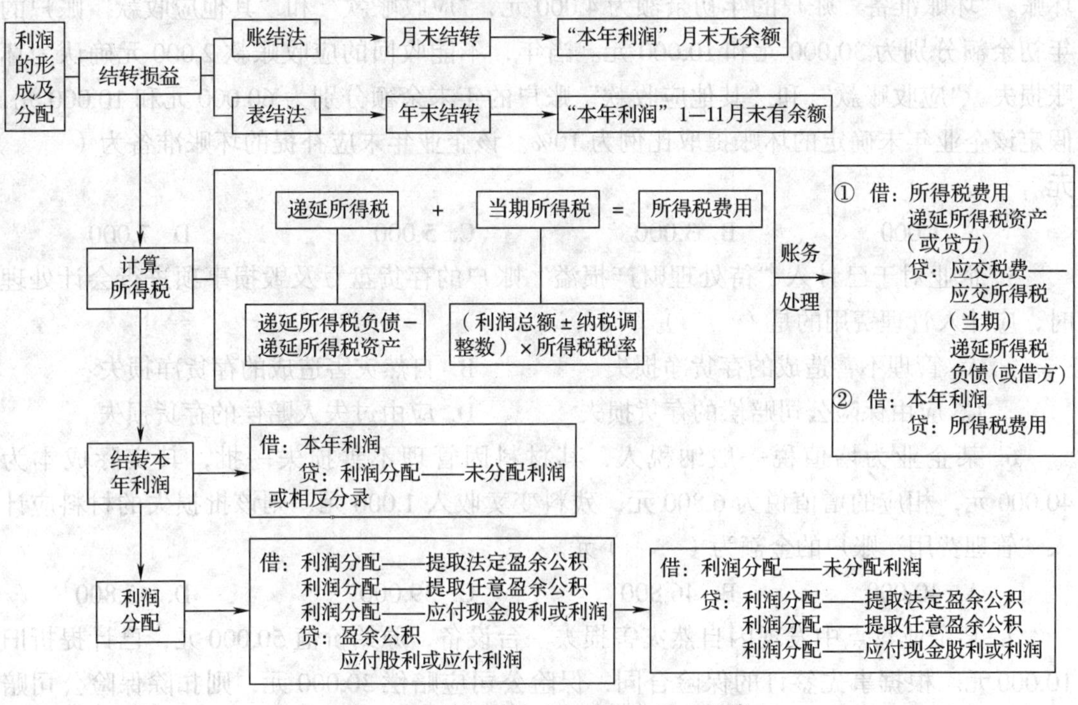

图 8—4 利润形成及分配账务处理程序

知识练习

一、单项选择题（请在下列选项中选择一个正确答案并填在括号中）

1. 企业在连续提取坏账准备的情况下，"坏账准备"账户在期末结账前如为贷方余额，其反映的内容是（　　）。

A. 已经发生的坏账损失

B. 上年末坏账准备的余额小于本年确认的坏账损失部分

C. 企业已提取但尚未转销的坏账准备数额

D. 本年提取的坏账准备

2. 下列相关的经济业务中，不应计入营业外支出的是（　　）。

A. 计量差错引起的原材料盘亏　　B. 固定资产的盘亏

C. 自然灾害造成的原材料损失　　D. 固定资产处置的净损失

3. 甲企业本期主营业务收入为500万元，主营业务成本为300万元，其他业务收入为200万元，其他业务成本为100万元，销售费用为15万元，资产减值损失为45万元，公允价值变动收益为60万元，投资收益为20万元，假定不考虑其他因素，该企业本期营业利润为（　　）万元。

A. 300　　B. 320　　C. 365　　D. 380

4. A企业通过对应收款项的风险进行分析，决定按应收款项余额的一定比例计提坏账。“坏账准备”账户的年初余额为4,000元，“应收账款”和“其他应收款”账户的年初余额分别为30,000元和10,000元。当年，不能收回的应收账款2,000元确认为坏账损失。“应收账款”和“其他应收款”账户的年末余额分别为60,000元和10,000元，假定该企业年末确定的坏账提取比例为10%。该企业年末应补提的坏账准备为（　　）元。

A. 1,000　　B. 3,000　　C. 5,000　　D. 7,000

5. 企业对于已计入“待处理财产损溢”账户的存货盘亏及毁损事项进行会计处理时，应计入管理费用的是（　　）。

A. 管理不善造成的存货净损失　　B. 自然灾害造成的存货净损失

C. 应由保险公司赔偿的存货损失　　D. 应由过失人赔偿的存货损失

6. 某企业为增值税一般纳税人，其材料因管理不善损失一批，其实际成本为40,000元，相应的增值税为6,800元，残料变卖收入1,000元，则该批损失的材料应计入“管理费用”账户的金额为（　　）元。

A. 40,000　　B. 46,800　　C. 39,000　　D. 45,800

7. 某企业盘点中发现因自然灾害损失一台设备，原始价值50,000元，已计提折旧10,000元。根据事先签订的保险合同，保险公司应赔偿30,000元，则扣除保险公司赔偿后剩余的损失10,000元应计入（　　）科目。

A. 累计折旧　　B. 营业外支出　　C. 管理费用　　D. 营业外收入

8. 甲企业会计期末应收账款余额200万元，计提的坏账准备余额7万元。甲企业通过对近几年应收款项发生坏账的情况进行分析，决定按赊销收入的一定比例计提坏账准备，比例为5%，则该企业本会计期末应补提的坏账准备为（　　）万元。

A. 10　　B. 5　　C. 3　　D. 7

9. 下列各项中，不属于企业营业利润的项目是（　　）。

A. 劳务收入　　B. 银行手续费

C. 出租无形资产收入　　D. 接受捐赠利得

10. 甲企业坏账准备提取比例为5%，2016年末应收账款余额为100万元，2017年由于赊销商品使应收账款增加20万元，2017年发生坏账损失1万元，则2017年度应提取的坏账准备为（　　）万元。（假定该企业仅就应收账款计提坏账准备）

A. 6　　B. 1.85　　C. 5.95　　D. 1.95

11. 2017年3月31日，某企业乙存货的实际成本为100万元，预计可变现净值为88万元。假定乙存货月初“存货跌价准备”账户余额为零，2017年3月31日该企业应计提的存货跌价准备为（　　）万元。

A. −10　　B. 0　　C. 10　　D.12

12. 下列处理中，正确的是（　　）。

A. 存货盘盈计入营业外收入

B. 固定资产盘盈计入营业外收入

C. 固定资产出租收入计入营业外收入

D. 无法查明原因的现金溢余计入营业外收入

13. 某企业2017年12月31日，A存货的实际成本为100万元，预计可变现净值为108万元。假定A存货12月初“存货跌价准备”科目余额为2万元，2017年12月31日应计提的存货跌价准备为（　）万元。

A. –2　　B. 0　　C. 8　　D. 2

14. 某企业年初未分配利润为借方余额4,000元，当年净利润为70,000元，按10%的比例提取盈余公积。该企业年末未分配利润为（　）元。

A. 59,400　　B. 59,000　　C. 69,700　　D. 67,000

15. 2017年初某公司“盈余公积”余额为120万元，当年实现利润总额900万元，所得税费用300万元，按净利润的10%提取法定盈余公积，经股东大会批准将盈余公积50万元转增资本。2017年12月31日，该公司资产负债表中“盈余公积”项目年末余额为（　）万元。

A. 180　　B. 120　　C. 70　　D. 130

16. 企业用当年实现的利润弥补亏损时，应作的会计处理是（　）。

A. 借：本年利润
　　贷：利润分配——未分配利润

B. 借：利润分配——未分配利润
　　贷：本年利润

C. 借：利润分配——未分配利润
　　贷：利润分配——未分配利润

D. 无须专门作账务处理

17. 某企业年初未分配利润贷方余额为400万元，本年实现净利润1,600万元，按净利润的10%提取法定盈余公积，提取任意盈余公积100万元，向投资者分配利润80万元。该企业年末可供分配利润为（　）万元。

A. 1,840　　B. 2,000　　C. 1,740　　D. 1,680

二、多项选择题（请在下列选项中选择多个正确答案并填在括号中）

1. 下列各项，影响企业营业利润的有（　）。

A. 盘盈原材料　　B. 出租包装物取得的收入

C. 接受公益性捐赠利得　　D. 经营租出固定资产的折旧额

2. 下列资产减值准备中，在符合相关条件时可以转回的有（　）。

A. 坏账准备　　B. 存货跌价准备

C. 无形资产减值准备　　D. 固定资产减值准备

3. 下列各项，影响企业利润总额的有（　）。

A. 管理费用　　B. 财务费用　　C. 所得税费用　　D. 营业成本

4. 下列各项中，能够增加“坏账准备”贷方发生额的有（　）。

A. 当期实际发生的坏账损失　　B. 冲回多提的坏账准备

C. 当期补提的坏账准备　　D. 已转销的坏账当期又收回

5. 下列会计账户，年末应无余额的有（　　）。

A. 主营业务收入　B. 营业外收入　C. 本年利润　D. 利润分配

6. 下列各项业务会计核算中，应记入“资产减值损失”账户的有（　　）。

A. 原材料盘亏损失　B. 固定资产减值损失

C. 应收账款减值损失　D. 无形资产处置净损失

7. 企业发生的亏损，主要通过以下（　　）途径弥补。

A. 税后利润　B. 盈余公积　C. 税前利润　D. 资本公积

8. 下列关于结转本年利润账结法的表述中，正确的有（　　）。

A. “本年利润”科目本年余额反映本年累计实现的净利润或发生的亏损

B. 各月均可通过“本年利润”科目提供当月及本年累计的利润（或亏损）额

C. 年末时需将各损益类科目的全年累计余额结转入“本年利润”科目

D. 每月月末各损益类科目需将本月的余额结转入“本年利润”科目

9. 依照暂时性差异对未来期间应纳税所得额的影响，分为（　　）。

A. 时间性暂时性差异　B. 永久性暂时性差异

C. 可抵扣暂时性差异　D. 应纳税暂时性差异

三、判断题（判断正误并在括号内填√或 ×）

1. 盘盈的存货冲减管理费用，盘亏及毁损的存货，按扣除残料价值和应由保险公司、过失人赔款后的净损失，计入管理费用。（　　）

2. 在备抵法下，企业将不能收回的应收账款确认坏账损失时，应计入资产减值损失，并冲销相应的应收账款。（　　）

3. 企业持有的固定资产发生减值的，减值损失一经确认，即使以后期间价值得以回升，也不得转回。（　　）

4. 企业应当定期或者至少于每年年度终了，对其他应收款进行检查，预计其可能发生的坏账损失，并计提坏账准备。（　　）

5. 表结法下，每月月末均需编制转账凭证，将在账上结计出的各损益类科目的余额结转入“本年利润”科目。（　　）

6. 企业发生的固定资产盘盈，应该计入当期的营业外收入。（　　）

7. 企业为减少本年度亏损而调减已计提的资产减值准备符合会计核算要求。（　　）

8. 采用账结法每月月末应将各损益类余额结转入“本年利润”科目。（　　）

9. 企业计算确定提取法定盈余公积的基数时，不应包括年初未分配利润的贷方余额。（　　）

四、业务题

甲有限责任公司（简称甲公司）为增值税一般纳税人，适用的增值税税率为 17%。原材料等存货按实际成本进行日常核算。2017 年 1 月 1 日有关账户余额见表 8—1。

表 8—1 有关账户余额表 单位：万元

账户名称	借方余额	贷方余额
银行存款	450	
应收票据	32	
应收账款	300	
原材料	350	
库存商品	300	
低值易耗品	100	
生产成本——A 产品	110	
坏账准备		20
存货跌价准备		63

2017 年甲公司发生的交易或事项如下：

（1）收到已作为坏账核销的应收 B 公司账款 50 万元并存入银行。

（2）收到 C 公司作为资本投入的原材料并验收入库。投资合同约定该批原材料价值 840 万元（不含允许抵扣的增值税进项税额 142.8 万元），C 公司已开具增值税专用发票。假定合同约定的价值与公允价值相等，未发生资本溢价。

（3）因 A 公司破产，应收该公司账款 80 万元不能收回，经批准确认为坏账并予以核销。

（4）原材料被盗一批，其实际成本 100 万元，应负担的增值税进项税额 17 万元。该材料未计提存货跌价准备，尚未经有关部门批准处理。

（5）将持有的面值为 32 万元的未到期、不带息银行承兑汇票背书转让，取得一批材料并验收入库，增值税专用发票上注明的价款为 30 万元，增值税进项税额为 5.1 万元。其余款项以银行存款支付。

（6）年末，甲公司经减值测试，确认存货的可变现净值为 1,800 万元。

（7）甲公司按年末应收账款余额的 10% 计提坏账准备。

假定除上述资料外，不考虑其他因素。

要求：

（1）编制甲公司上述（1）至（5）项交易或事项的会计分录。

（2）计算甲公司存货应计提或转回的存货跌价准备并编制会计分录。

（3）计算甲公司应收账款应计提或转回的坏账准备并编制会计分录。

五、不定项选择题（请在下列选项中选择一个或多个正确答案并填在括号中）

甲公司 2017 年 1 月 1 日的所有者权益为 2,000 万元（其中：股本为 1,500 万元，资本公积为 100 万元，盈余公积为 100 万元，未分配利润为 300 万元）。

2017 年甲公司实现净利润为 200 万元，按实现净利润的 10% 提取法定盈余公积。

2018 年甲公司税前会计利润为 198 万元，所得税税率为 25%。甲公司全年实发工资、薪金为 20 万元，职工福利费 3 万元，工会经费 0.5 万元，职工教育经费 1 万元；经查，甲公司当年营业外支出中有 1.2 万元为税收滞纳金。甲公司递延所得税负债年初数为 4 万元，年末数为 5 万元；递延所得税资产年初数为 2.5 万元，年末数为 2 万元。

要求：根据上述资料，不考虑其他因素，分析回答下列问题。

（1）针对 2017 年的业务，下列各项中，会计处理正确的是（　　）。

A. 结转 2017 年实现净利润的会计分录：

借：本年利润　200

　　贷：利润分配——未分配利润　200

B. 提取盈余公积：

借：利润分配——提取法定盈余公积　20

　　贷：盈余公积——法定盈余公积　20

C. 结转 2017 年实现净利润的会计分录：

借：利润分配——未分配利润　200

　　贷：本年利润　200

D. 结转利润分配：

借：利润分配——未分配利润　20

　　贷：利润分配——提取法定盈余公积　20

（2）2017 年 12 月 31 日，下列各项目金额正确的是（　　）。

A. 股本为 1,500 万元　　B. 盈余公积为 120 万元

C. 未分配利润为 500 万元　　D. 所有者权益总额为 2,200 万元

（3）针对 2018 年的业务，下列说法正确的有（　　）。

A. 按税法规定，企业发生的工资、薪金 20 万元可据实扣除

B. 按税法规定，企业发生的职工福利费、职工教育经费、工会经费准予据实扣除

C. 税收滞纳金需要做纳税调增

D. 企业 2018 年纳税调整增加额为 2 万元

（4）下列各项目中，金额正确的是（　　）。

A. 2018 年应交所得税为 50 万元　　B. 2018 年应纳税所得额为 200 万元

C. 2018 年的所得税费用为 50 万元　　D. 2018 年的净利润为 148 万元

（5）针对 2018 年的所得税，下列会计处理正确的有（　　）。

A. 借：所得税费用　50

　　贷：应交税费——应交企业所得税　50

B. 借：所得税费用　51.5
　　贷：应交税费——应交企业所得税　50
　　　　递延所得税负债　1
　　　　递延所得税资产　0.5

C. 借：所得税费用　50.5
　　递延所得税资产　0.5
　　贷：应交税费——应交企业所得税　50
　　　　递延所得税负债　1

D. 借：所得税费用　50
　　递延所得税资产　0.5
　　贷：应交税费——应交企业所得税　49.5
　　　　递延所得税负债　1

项目 9 会计报表的编制

复习指导

会计报表主要包括利润表、资产负债表、现金流量表，其编制信息来源的对比，如图 9—1 所示。此三张报表编制的勾稽关系，如图 9—2 所示。

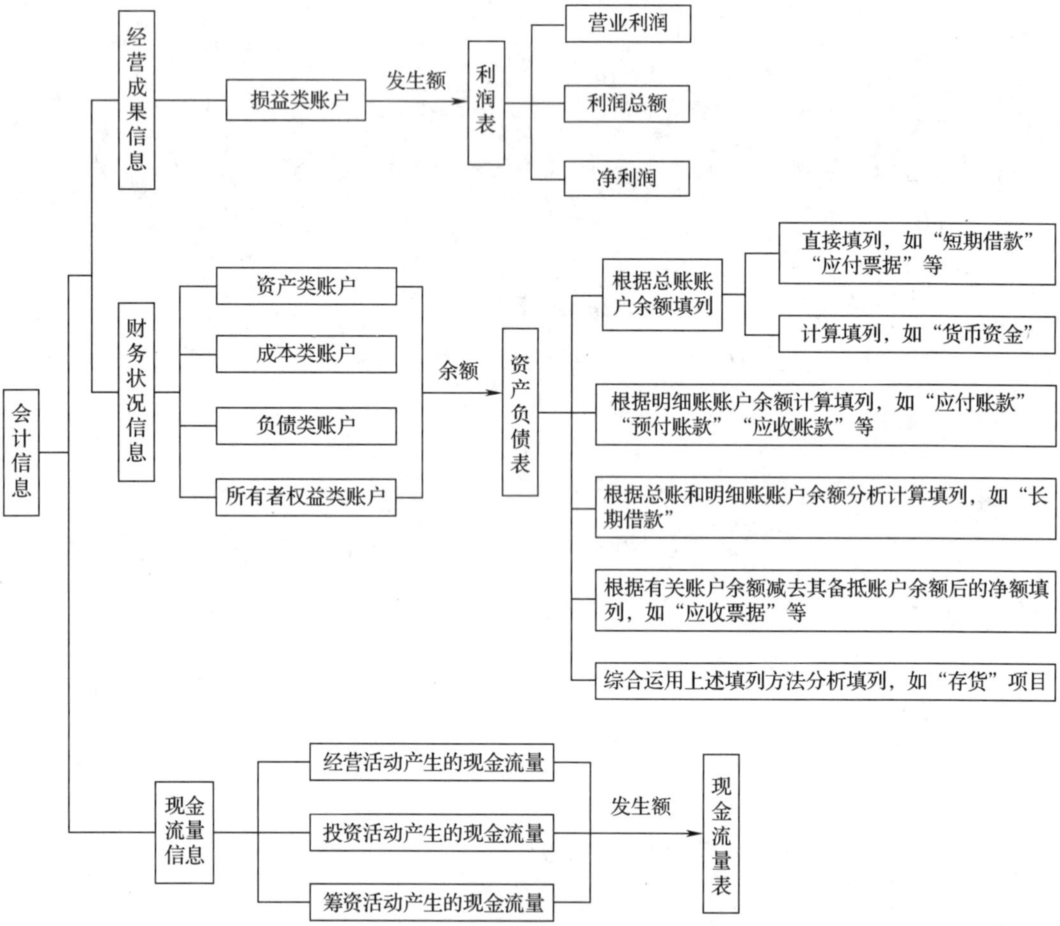

- 会计信息
  - 经营成果信息
    - 损益类账户 —发生额→ 利润表
      - 营业利润
      - 利润总额
      - 净利润
  - 财务状况信息
    - 资产类账户
    - 成本类账户
    - 负债类账户
    - 所有者权益类账户
    - —余额→ 资产负债表
      - 根据总账账户余额填列
        - 直接填列，如“短期借款”“应付票据”等
        - 计算填列，如“货币资金”
      - 根据明细账账户余额计算填列，如“应付账款”“预付账款”“应收账款”等
      - 根据总账和明细账账户余额分析计算填列，如“长期借款”
      - 根据有关账户余额减去其备抵账户余额后的净额填列，如“应收票据”等
      - 综合运用上述填列方法分析填列，如“存货”项目
  - 现金流量信息
    - 经营活动产生的现金流量
    - 投资活动产生的现金流量
    - 筹资活动产生的现金流量
    - —发生额→ 现金流量表

图 9—1 会计报表编制总括图

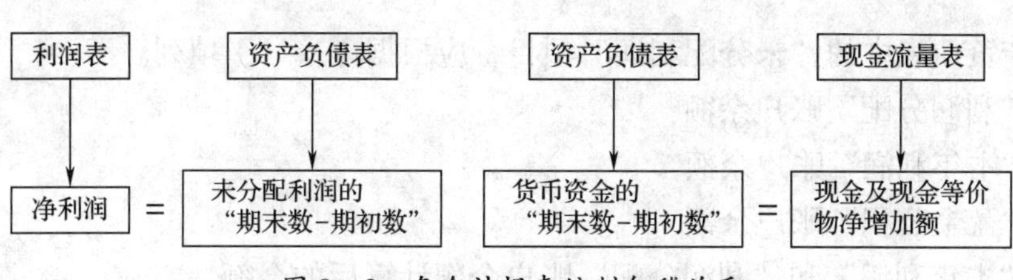

图 9—2　各会计报表编制勾稽关系

知识练习

一、单项选择题（请在下列选项中选择一个正确答案并填在括号中）

1. 某企业 2015 年 4 月 1 日从银行借入期限为 3 年的长期借款 400 万元，编制 2017 年 12 月 31 日资产负债表时，此项借款应填入的报表项目是（　　）。

A. 短期借款　　B. 一年内到期的非流动负债

C. 其他非流动负债　　D. 长期借款

2. 某企业 2018 年 2 月主营业务收入为 100 万元，主营业务成本为 80 万元，管理费用为 5 万元，资产减值损失为 2 万元，投资收益为 10 万元。假定不考虑其他因素，该企业当月的营业利润为（　　）万元。

A. 13　　B. 15　　C. 18　　D. 23

3. 下列项目在资产负债表中只需要根据某一个总分类账账户就能填列的项目是（　　）。

A. 应收账款　　B. 固定资产　　C. 长期股权投资　　D. 应付票据

4. 资产负债表中资产的排列是依据（　　）。

A. 项目收益性　　B. 项目重要性　　C. 项目流动性　　D. 项目时间性

5. 资产负债表中货币资金项目中包含的项目有（　　）。

A. 银行本票存款　　B. 银行承兑汇票

C. 商业承兑汇票　　D. 交易性金融资产

6. 下列各项中，影响企业的现金流量的是（　　）。

A. 以银行存款购入三个月内到期的债券投资

B. 计提固定资产折旧

C. 领用自产产品用于生产

D. 发放离退休人员的工资

7. “预收账款”账户明细账中若有借方余额，应将其计入资产负债表中的（　　）项目。

A. 应收账款　　B. 预付款项　　C. 应付账款　　D. 其他应付款

8. 某企业 2017 年 11 月主营业务收入为 515 万元，主营业务成本为 300 万元，管理费用 60 万元，资产减值损失为 50 万元，公允价值变动损失为 25 万元，营业外支出为 30 万元。假定不考虑其他因素，该企业当月的营业利润为（　　）万元。

A. 50　　B. 40　　C. 30　　D. 80

9. 资产负债表中的“未分配利润”项目，应根据（　　）填列。

A.“利润分配”账户余额

B.“本年利润”账户余额

C.“盈余公积”账户余额

D.“本年利润”和“利润分配”账户余额计算后的金额

10. 某企业2017年12月31日无形资产账户余额为500万元，累计摊销账户余额为200万元，无形资产减值准备账户余额为100万元。该企业2017年12月31日资产负债表中无形资产项目的金额为（　　）万元。

A. 500　　B. 300　　C. 400　　D. 200

11. 某企业盈余公积年初余额为50万元，本年利润总额为600万元，所得税费用为150万元，按净利润的10%提取法定盈余公积，并将盈余公积10万元转增资本。该企业盈余公积年末余额为（　　）万元。

A. 40　　B. 85　　C. 95　　D. 110

12. 甲企业2017年10月31日结账后有关账户余额为：“生产成本”借方余额50,000元，“原材料”借方余额30,000元，“材料成本差异”贷方余额500元，“委托代销商品”借方余额40,000元，“工程物资”借方余额10,000元，“存货跌价准备”贷方余额3,000元，则资产负债表“存货”项目的金额为（　　）元。

A. 116,500　　B. 117,500　　C. 119,500　　D. 126,500

13. 某企业2017年度发生以下业务：以银行存款购买将于2个月后到期的国债500万元，偿还应付账款200万元，支付生产人员工资150万元，购买固定资产300万元。假定不考虑其他因素，该企业2017年度现金流量表中“购买商品、接受劳务支付的现金”项目的金额为（　　）万元。

A. 200　　B. 350　　C. 650　　D. 1,150

14. 下列各项中，不应在利润表“营业收入”项目列示的是（　　）。

A. 罚款收入　　B. 设备安装劳务收入

C. 代销品销售收入　　D. 固定资产出租收入

15. 下列报表中，（　　）能够反映企业一定时点所拥有的资产、需偿还的债务以及投资者所拥有的净资产的情况。

A. 资产负债表　　B. 利润表

C. 现金流量表　　D. 所有者权益变动表

16. 下列各资产负债表项目中，应根据有关科目余额减去其备抵科目余额后的净额填列的项目是（　　）。

A. 预收款项　　B. 应付股利　　C. 货币资金　　D. 固定资产

17. 某企业2017年12月31日应收账款总账余额100万元，其中，应收A公司借方余额125万元，应收B公司贷方余额25万元，坏账准备贷方余额10万元，则在资产负债表应收账款项目中列示的金额为（　　）万元。

A. 125　　B. 115　　C. 100　　D. 90

18. 编制利润表的主要依据是（　　）。

A. 资产、负债及所有者权益各账户的本期发生额

B. 资产、负债及所有者权益各账户的期末余额

C. 损益类各账户的本期发生额

D. 损益类各账户的期末余额

19. 下列各项中，应列入利润表“营业收入”项目的是（　　）。

A. 接受投资收到的现金　　B. 接受捐赠收到的现金

C. 盘盈利得　　D. 销售材料取得的收入

20. 下列各项中，应列入“支付给职工以及为职工支付的现金”项目的是（　　）。

A. 支付现金股利　　B. 支付在建工程人员薪酬

C. 代扣代缴个人所得税　　D. 支付职工差旅费

21. 下列各项中，不属于现金流量表“现金及现金等价物”的是（　　）。

A. 库存现金　　B. 银行本票存款

C. 银行承兑汇票　　D. 持有 2 个月内到期的国债

22. 下列各项中，属于现金流量表“经营活动产生的现金流量”的是（　　）。

A. 固定资产的购置与处置　　B. 支付在建工程人员工资

C. 转让股票投资取得的收入　　D. 以现金购买办公用品

23. 下列各项中，会引起现金流量表“经营活动产生的现金流量净额”项目发生增减变动的是（　　）。

A. 偿还长期借款的现金流出　　B. 收取现金股利的现金流入

C. 购置固定资产的现金流出　　D. 购买日常办公用品的现金流出

24. 下列各项中，不属于筹资活动产生的现金流量的是（　　）。

A. 偿还债务　　B. 分配股利、利息

C. 吸收投资收到的现金　　D. 处置子公司

二、多项选择题（请在下列选项中选择多个正确答案并填在括号中）

1. 下列各项中，影响营业利润项目的有（　　）。

A. 已销商品成本　　B. 原材料销售收入

C. 税款滞纳金支出　　D. 转让股票所得收益

2. 下列各项中，不应该在资产负债表“预付款项”项目中反映的有（　　）。

A.“应付账款”明细账户的借方余额　　B.“应付账款”明细账户的贷方余额

C.“预付账款”明细账户的借方余额　　D.“应收账款”明细账户的贷方余额

3. 下列各项中，应包括在资产负债表“存货”项目的有（　　）。

A. 委托代销商品　　B. 委托加工物资

C. 正在加工中的在产品　　D. 发出商品

4. 下列各项现金流出，属于企业现金流量表中投资活动产生的现金流量的有（　　）。
A. 发放管理人员工资　　B. 购买固定资产支付的现金
C. 购买无形资产支付的现金　　D. 购买办公用品支付的现金
5. 下列各项，属于现金流量表中现金及现金等价物的有（　　）。
A. 库存现金　　B. 其他货币资金
C. 3 个月内到期的债券投资　　D. 随时用于支付的银行存款
6. 下列各项现金流出，属于企业现金流量表中筹资活动产生的现金流量的有（　　）。
A. 偿还应付账款　　B. 偿还短期借款
C. 发放现金股利　　D. 支付借款利息
7. 下列各项中，会使资产负债表中负债金额增加的有（　　）。
A. 计提坏账准备　　B. 计提存货跌价准备
C. 计提一次还本付息应付债券的利息　　D. 计提长期借款利息
8. 下列项目中，属于资产负债表中“流动资产”项目的有（　　）。
A. 预付款项　　B. 应收票据　　C. 预收款项　　D. 存货
9. 下列各项中，影响利润表“利润总额”项目金额的有（　　）。
A. 所得税费用　　B. 营业外支出
C. 公允价值变动损益　　D. 投资收益
10. 下列各项中，年度终了需要转入“利润分配——未分配利润”科目的有（　　）。
A. 本年利润　　B. 利润分配——应付现金股利或利润
C. 利润分配——盈余公积补亏　　D. 利润分配——提取法定盈余公积
11. 可以根据总账账户期末余额直接填列的资产负债表项目有（　　）。
A. 短期借款　　B. 货币资金
C. 应付票据　　D. 应付职工薪酬
12. 下列各项中，应列入利润表“资产减值损失”项目的有（　　）。
A. 原材料盘亏损失　　B. 固定资产减值损失
C. 应收账款减值损失　　D. 无形资产处置净损失
13. 下列交易和事项中，影响当期经营活动产生的现金流量的有（　　）。
A. 用产成品偿还短期借款　　B. 支付管理人员工资
C. 收到被投资单位利润　　D. 支付各项税费
14. 下列各项中，属于流动资产的有（　　）。
A. 货币资金　　B. 存货
C. 固定资产　　D. 一年内到期的非流动资产
15. 下列项目需要在资产负债表非流动负债中列示的有（　　）。
A. 长期借款　　B. 应付债券　　C. 应付票据　　D. 其他应付款
16. 资产负债表中列示的应收账款项目，可以是（　　）。
A. 应收账款的期末余额　　B. 应收账款的账面价值

C. 应收账款减坏账准备后的金额　　D. 应收账款加坏账准备后的金额

17. 在填列资产负债表时，以下表达正确的有（　　）。

A. 应付账款项目 = 应付账款所属明细账贷方余额合计 + 预付账款所属明细账贷方余额

B. 预付账款项目 = 应付账款所属明细账借方余额合计 + 预付账款所属明细账借方余额 – 和预付账款相关的坏账准备期末余额

C. 应收账款项目 = 应收账款所属明细账借方余额合计 + 预收账款所属明细账借方余额 – 有关的坏账准备余额

D. 预收账款项目 = 应收账款所属明细账贷方余额合计 + 预收账款所属明细账贷方余额

18. 下列各项中，通常应列入利润表中“税金及附加”项目的有（　　）。

A. 增值税　　B. 消费税

C. 资源税　　D. 城市维护建设税

19. 现金流量表中的现金等价物的特点有（　　）。

A. 期限短　　B. 易于转换成已知金额的现金

C. 价值变动风险很小　　D. 流动性强

20. 下列项目中不属于现金或现金等价物的有（　　）。

A. 银行汇票存款　　B. 三个月内到期的商业承兑汇票

C. 三个月内到期的国库券　　D. 长期股权投资

三、判断题（判断正误并在括号内填√或 ×）

1. 利润表是指反映企业在一定会计期间的经营成果的报表。（　　）

2. 企业采用“表结法”结转本年利润，年度内每月月末损益类发生额合计数和月末累计余额无须转入“本年利润”账户但要将其填入利润表，在年末时将损益类账户全年累计余额转入“本年利润”账户。（　　）

3. 增值税应在利润表的税金及附加项目中反映。（　　）

4. 以现金形式支付给在建工程人员的工资应该在“支付给职工以及为职工支付的现金”项目中反映。（　　）

5. “利润分配”总账的年末余额不一定与相应的资产负债表中未分配项目的数额一致。（　　）

6. “预收款项”项目应根据“预收账款”和“应收账款”账户所属各明细科目的期末贷方余额合计数填列。如“预收账款”科目所属各明细科目期末有借方余额，应在资产负债表“应付账款”项目内填列。（　　）

7. 如果固定资产清理账户出现借方余额，应在资产负债表“固定资产清理”项目中以负数表示。（　　）

8. 资产负债表中的“货币资金”项目，应当根据“库存现金”“银行存款”“其他

货币资金”三个总账科目余额合计填列。（ ）

9. 附注是财务报表不可或缺的组成部分，是对在资产负债表、利润表、现金流量表和所有者权益变动表等报表中列示项目的文字描述或明细资料，以及对未能在这些报表中列示项目的说明等。（ ）

10. 企业出售生产经营用固定资产实现的净收益，应计入利润表的营业收入。（ ）

11. 现金流量表中“偿还债务支付的现金”项目反映企业为偿还债务利息而支付的现金。（ ）

12. 企业用现金支付在建工程人员的薪酬属于投资活动产生的现金流量。（ ）

13. 如果企业研发的无形资产在资产负债表日尚未达到预定用途，其中符合资本化条件支出的部分，应计入资产负债表“开发支出”项目下。（ ）

14. 资产负债表中列示的是企业各项资产的本期发生额，利润表列示的是企业各项损益类科目的期初余额和期末余额。（ ）

15. 企业期末各项原材料、低值易耗品、包装物、在途物资、周转材料、工程物资都需要计入“存货”项目。（ ）

16. 如果生产成本、制造费用科目存在期末余额，则应在资产负债表“存货”项目下列示。（ ）

17. 资产负债表中应付债券项目包括应付债券本金和应付债券利息。（ ）

18. 现金等价物是指企业持有的期限短、流动性强、易于转换为已知金额现金、价值变动风险很小的投资。期限短，一般是指从购买日起一个月内到期。（ ）

四、业务题

1. 甲公司为增值税一般纳税人，适用的增值税税率为17%，所得税税率为25%。假定不考虑其他相关税费。甲公司主要生产和销售甲产品。原材料按实际成本核算。在销售时逐笔结转销售成本。2017年度，甲公司相关经济业务和事项如下：

（1）2月5日，销售A产品一批，该批产品的实际成本为60万元，增值税专用发票上注明的货款为100万元，增值税额为17万元。产品已经发出，提货单已经交给买方，买方已用转账支票支付。

（2）5月10日，销售A产品一批，增值税专用发票上注明的货款为600万元，增值税额为102万元。产品已经发出，货款和增值税已经收到并存入银行，该批产品的实际成本为300万元。

（3）本年生产产品领用原材料300万元，生产车间管理部门领用原材料60万元，企业管理部门领用原材料20万元。

（4）10月3日，销售原材料一批，该批原材料的实际成本为18万元，增值税专用发票上注明的货款为20万元，增值税为3.4万元。原材料已经发出，货款和增值税已经收到并存入银行。

（5）分配本年度工资200万元，其中：生产工人工资100万元，车间管理人员工资40万元，企业管理人员工资40万元，在建工程人员工资20万元。

（6）本年计提坏账准备13万元。

（7）本年计提固定资产折旧100万元，其中：计入制造费用70万元，计入管理费用30万元。

（8）本年度用银行存款支付本期发生的广告费用20万元、计入当期损益的利息费用及银行手续费合计为4万元。

（9）本年度用银行存款缴纳增值税60万元、所得税35万元、消费税5万元。

（10）计算并确认本年应交所得税。假定不存在所得税纳税调整因素。

（11）将本年度的损益类账户结转至“本年利润”账户。

要求：

（1）编制甲公司上述业务和事项的会计分录。

（2）编制甲公司2017年度的利润表（见表9—1）。（“应交税费”账户要求写出明细账户和专栏名称）

表9—1　　　　　　　　　　利润表（简表）

编制单位：　　　　　　　　　　2017年度　　　　　　　　　　单位：万元

项目	本期金额	本年累计金额
一、营业收入		
减：营业成本		
税金及附加		
销售费用		
管理费用		
财务费用		
资产减值损失		
加：投资收益		
二、营业利润		
加：营业外收入		
减：营业外支出		
三、利润总额		
减：所得税费用		
四、净利润		

2. W股份有限公司2017年有关资料如下：

（1）1月1日部分总账及其所属明细账余额见表9—2。

表9—2　W股份有限公司2017年1月1日总账及所属明细账余额表

单位：万元

总账	明细账	借或贷	余额
应收账款	A公司	借	600
坏账准备		贷	30
固定资产	厂房	借	3,000
累计折旧		贷	900
固定资产减值准备		贷	200
应付账款	C公司	借	150
	D公司	贷	1,050
长期借款	甲银行	贷	300

注：①该公司未单独设置“预付账款”会计科目。

②表中长期借款为2016年10月1日从银行借入，借款期限2年，年利率5%，每年付息一次。

（2）2017年W股份有限公司发生如下业务：

3月10日，收回上年已作为坏账转销的应收A公司账款70万元并存入银行。

4月15日，收到C公司发来的材料一批并验收入库，增值税专用发票注明货款100万元，增值税17万元，其款项上年已预付。

4月20日，新建厂房发生支出总计500万元。该厂房于12月30日达到预定可使用状态，其后续支出符合资本化条件。

6月30日从乙银行借款200万元，期限3年，年利率6%，每半年付息一次。

10月份以票据结算的经济业务有（不考虑增值税）：持银行汇票购进材料500万元；持银行本票购进库存商品200万元；签发6个月的商业汇票购进工程物资800万元。

1至12月全部资产已计提折旧100万元。

12月31日，经计算本月应付职工工资200万元，应计提社会保险费50万元。同日，以银行存款预付下月住房租金2万元，该住房供公司高级管理人员免费居住。

要求：

计算W股份有限公司2017年12月31日资产负债表下列项目的年末余额。

（1）应收账款　　（2）预付款项　　（3）固定资产

（4）应付票据　　（5）应付账款　　（6）应付职工薪酬

（7）长期借款

五、不定项选择题（请在下列选项中选择一个或多个正确答案并填在括号中）

1. A 公司属于工业企业，为增值税一般纳税人，适用 17% 的增值税税率，售价中均不包含增值税，商品销售时，同时结转成本，本年利润采用表结法结转，2016 年年末未分配利润金额为 150 万元，适用的所得税税率是 25%。

2017 年 11 月 30 日损益类有关科目累计发生额见表 9—3。

表 9—3　　**损益类有关科目累计发生额**　　单位：万元

科目名称	借方发生额	贷方发生额	科目名称	借方发生额	贷方发生额
主营业务收入		1,650	销售费用	42	
主营业务成本	1,320		管理费用	38	
其他业务收入		160	财务费用	19	
其他业务成本	85		营业外收入		90
税金及附加	26		营业外支出	78	

2017 年 12 月份 A 公司发生如下交易或事项：

（1）12 月 5 日，向甲公司销售商品一批，开出的增值税专用发票上注明的价款为 60 万元，增值税税额为 10.2 万元，销售商品实际成本为 45 万元。款项尚未收到。

（2）12 月 7 日，向乙公司销售材料一批，开出的增值税专用发票上注明的价款为 20 万元，增值税税额为 3.4 万元，销售材料实际成本为 18 万元，收到货款存入银行。

（3）12 月 20 日以自产的产品作为集体福利发放给管理部门的职工，该批产品市场售价 5 万元（不含增值税），成本 3 万元。

（4）12 月 31 日，确认本月应交的城市维护建设税 2 万元，教育费附加 1 万元。

（5）12 月用银行存款支付税收滞纳金 1 万元。

（6）2017 年递延所得税负债发生额为 25 万元，递延所得税资产发生额 10 万元。

（7）A 公司按照当年净利润的 10% 提取法定盈余公积，按照 5% 提取任意盈余公积。

要求：根据上述资料，不考虑其他因素，回答下列问题。

（1）A 公司 2017 年度营业收入总额是（　　）万元。

A. 1,890　　B. 1,735　　C. 1,895　　D. 1,985

（2）A 公司 12 月应确认的应付职工薪酬金额是（　　）万元。

A. 5　　B. 5.85　　C. 3　　D. 3.85

（3）A 公司 2017 年度营业利润是（　　）万元。

A. 206　　B. 296　　C. 297　　D. 307

（4）A 公司 2017 年度的所得税费用金额是（　　）万元。

A. 77　　B. 76.75　　C. 67　　D. 92

（5）该企业2017年末未分配利润金额为（ ）万元。

A. 365　　B. 332.75　　C. 182.75　　D. 330.75

2. HN公司为增值税一般纳税人，2017年11月30日的科目余额见表9—4。

表9—4　　科目余额　　单位：元

科目名称	借方余额	贷方余额	科目名称	借方余额	贷方余额
银行存款	54,000		短期借款		35,000
应收账款	40,000		应付账款		20,000
坏账准备——应收账款		160	预收账款		51,200
预付账款	7,000		应交税费	2,500	
原材料	20,000		应付利息		7,840
库存商品	90,000		实收资本		240,000
交易性金融资产	55,000		资本公积		15,000
长期待摊费用	600		其他综合收益		3,000
固定资产	128,000		盈余公积		11,000
累计折旧		26,000	利润分配		9,900
在建工程	42,000		本年利润		20,000
合计	436,600	26,160		2,500	412,940

注：“应付利息”科目余额7,840元为预提的短期借款利息。

HN公司12月份有关资料如下：

（1）本月销售商品收入50,000元，增值税税额8,500元，款项尚未收到。商品成本为42,000元。

（2）收回以前年度已核销的坏账140元。

（3）出包工程，向承包商支付工程款13,000元。

（4）计提本月固定资产折旧2,500元，摊销长期待摊费用300元，这两项业务均计入管理费用。另用银行存款支付其他管理费用4,000元。

（5）本月支付已预提的短期借款利息7,840元。

（6）用银行存款偿还短期借款利息11,000元。

（7）发生财务费用566元，均以银行存款支付。

（8）年末按应收账款余额的4‰计提坏账准备。

要求：根据上述资料，不考虑其他因素，分析回答下列问题。

（1）根据资料（1）至（3），下列说法或会计处理正确的是（ ）。

A. 收回以前年度已核销的坏账不影响应收账款账面价值

B. 资料（1）的会计分录：

借：应收账款　58,500

　　贷：主营业务收入　50,000

　　　　应交税费——应交增值税（销项税额）　8,500

借：主营业务成本　42,000

　　贷：库存商品　42,000

C. 资料（2）的会计分录：

借：应收账款　140

　　贷：坏账准备　140

　　借：银行存款　140

　　　　贷：应收账款　140

D. 资料（3）的会计分录：

借：在建工程　13,000

　　贷：银行存款　13,000

（2）根据资料（4），下列说法或会计处理中正确的是（　　）。

A. 计提固定资产折旧会减少固定账面价值

B. 累计折旧在资产负债表中单列项目反映

C. “长期待摊费用”项目根据“长期待摊费用”总账科目余额填列

D. 资料（4）的会计分录：

　借：管理费用　6,800

　　　贷：累计折旧　2,500

　　　　　长期待摊费用　300

　　　　　银行存款　4,000

（3）根据资料（5）至资料（7），下列说法或会计处理中正确的是（　　）。

A. “短期借款”科目核算短期借款本金和利息

B. 资料（5）的会计分录：

　借：应付利息　7,840

　　　贷：银行存款　7,840

C. 资料（6）的会计分录：

　借：短期借款　11,000

　　　贷：银行存款　11,000

D. 资料（7）的会计分录：

　借：财务费用　566

　　　贷：银行存款　566

（4）关于应收账款和坏账准备，下列选项中说法正确的是（　　）。

A. 2017 年 12 月 31 日“应收账款”科目余额为 98,500 元

B. 2017 年 12 月 31 日“坏账准备”科目期末余额为 394 元

C. 2017 年 12 月份计提坏账准备 394 元

D. 2017 年 12 月 31 日“应收账款”项目列示金额为 98,106 元

（5）2017 年 12 月 31 日资产负债表下列项目中，金额正确的是（　　）。

A. 货币资金为 17,734 元

B. 以公允价值计量且其变动计入当期损益的金融资产为 55,000 元

C. 存货为 68,000 元

D. 在建工程为 55,000 元